유적으로 보는

우리역사②

홍산문화

유적으로 보는

우리역사②

홍산문화

유적 지도
흥산문화

바린쮀기
巴林左旗

바린우기
巴林右旗

시라무룬강
西拉木倫河

라오하강
老哈河

자오라이강
敎來河

웡뉴터기
翁牛特旗

샤오허시문화
○ 샤오허시촌小河西村

자오바오거우문화
○ 자오바오거우촌趙寶溝村

인허강
陰河   싼쮀덴 유적

샤자덴
상층·하층문화

푸허문화   싱룽와문화
싱룽와촌
興隆洼村

차하이문화

훙산문화

츠펑
赤峰

아오한기
敖漢旗

샤오허옌문화

푸신
阜新

베이퍄오
北票

이우뤼산
醫巫閭山

차오양
朝陽

다링강
大凌河

뉴허량
牛河梁

젠핑
建平

링위안凌源

흥산문화

둥산쮀이
東山嘴

카쮀
喀左

젠창
建昌

진시
錦西

롼허강
灤河

옌산산
燕山

보하이만
渤海灣

차
례

들어가는 말　・8

제1부　홍산문화 유적 답사

제1장　**뉴허량 '신비의 왕국'**　・17

　　　뉴허량 유적: 묻혀 있던 여신이 발견되다　・19
　　　둥산쭈이 유적: 신에게 제사를 지내던 곳　・34

제2장　**동이족 치우 유적**　・45

제3장　**신석기를 아우르는 홍산문화**　・57

　　　츠펑: 홍산문화의 중심지　・60
　　　선홍산문화와 협의의 홍산문화　・68
　　　　■ 샤오허시문화　・68
　　　　■ 싱룽와문화　・71
　　　　■ 차하이문화　・82
　　　　■ 푸허문화　・86

■ 자오바오거우문화 • 87
■ 샤오허옌문화 • 92
■ 샤자뎬 하층문화와 상층문화 • 94

제2부 홍산문화란무엇인가?

제1장 **중국의 작위적 역사 다시 쓰기** • 103
제2장 **치우와 중국의 동북공정** • 117

나가는 말 • 132
주 • 136

중국은 문화대혁명이라는 폭풍우가 몰
아친 후, 체제가 어느 정도 안정되었다고 인식하자 21세기 '대大
중화주의 건설'을 위해 '하상주단대공정夏商周斷代工程'이라는 명목
으로 대대적인 유적 발굴과 연구를 추진했다. 하상주단대공정
이란 제2차 세계대전 이후 중국이 국가 건설을 추진하기 위해
중앙정부가 5년 단위로 주도한 장기적인 국가 전략 프로젝트다.

　　한국의 '경제개발 5개년 계획'은 주로 '경제개발'에 초점
을 맞추었지만 중국은 정치·경제·문화·역사 등 모든 분야를
총체적으로 다룬다. 이 결과 나온 것이 고대 왕조인 하夏·상
商·주周의 존재 연대다. 이들은 하나라의 연대를 기원전 2070년
에서 기원전 1600년으로 확정 지었고, 상나라는 기원전 1600년

에서 기원전 1046년(19대 반강왕盤庚王이 기원전 1300년에 도읍을 은殷
으로 옮겼으므로 이후 은이라고 부름)으로, 주나라는 기원전 1046년
에서 기원전 771년으로 연대를 다시 설정했다.[1] 그동안 기록이
남아 있는 중국의 역사시대는 주나라 공화共和 원년인 기원전
841년이므로 하나라의 시작을 기원전 2070년이라고 천명하는
것은 중국의 역사시대를 무려 1,229년이나 끌어올린 것이다.[2]

'하상주단대공정'이 진행되는 동안 고대 유적지 17곳에 대
한 새로운 발굴 조사가 이루어졌고 방사성 탄소연대측정이 새
롭게 이루어졌다. 중국은 2000년부터 '중화문명탐원공정中華文明
探源工程'이라는 새로운 역사 공정을 실시했는데 이것은 '중화 문
명의 근원을 탐구한다'는 의미로 두 가지 목적을 가지고 있다.

① 신화와 전설의 시대로 알려진 '삼황오제三皇五帝' 시대까
    지를 역사에 편입해 중국의 역사를 1만 년 전으로 끌어
    올린다.
② 중화 문명이 이집트 문명이나 수메르 문명보다도 오래
    된 '세계 최고最古의 문명'임을 밝힌다.

이것이 랴오허 일대를 기존의 세계 4대 문명보다 앞서는
1만 년 역사의 새로운 문명권으로 부각시키는 '랴오허문명론遼

츠핑 시내에서 바라본 홍산 전경.

河文明論'의 단초다.[3] 랴오허문명의 핵심은 홍산(홍산紅山)문화인데 홍산은 네이멍구자치구(내몽골자치구內蒙古自治區) 츠핑시(적봉시赤峰市)의 동북방에 인접한 산의 이름이다. 몽골인들이 '붉은 산'이란 의미로 '우란하다烏蘭哈達'라고 부르던 것이 중국으로 영토가 편입되면서 '홍산'이란 이름으로 바뀌었다.

홍산문화의 북쪽 경계는 일반적으로 시라무룬강(서납목륜하西拉木倫河)을 넘어 네이멍구 초원에 이르며 동쪽 경계는 이우뤼산(의무려산醫巫閭山)을 넘어 시랴오강(서요하西遼河)이 있는 서안 일대까지 다다른다. 남쪽 경계의 동쪽 끝은 보하이(발해渤海) 연안,

서쪽 끝은 옌산산맥을 넘어 허베이(하북河北)평원 북부를 포함한다. 그러므로 넓은 의미의 홍산문화는 랴오허(요하遼河) 일대를 모두 포함하며 연대는 기원전 8000~7000여 년으로 올라간다. 좁은 의미의 홍산문화는 네이멍구와 랴오닝성(요녕성遼寧城)의 접경 지역인 츠펑, 차오양(조양朝陽〔옛 이름은 영주營州〕), 링위안(능원凌源), 카줘(객좌喀左), 젠핑(건평建平) 등을 중심으로 분포된 유적지를 말하며 연대는 기원전 3500년으로 올라간다.

　　홍산문화를 좀더 구체적으로 분류하면 선홍산문화와 협의의 홍산문화로 나뉜다. 선홍산문화에는 샤오허시(소하서小河西)문화, 싱룽와(흥륭와興隆窪)문화, 차하이(사해査海)문화가 포함되며 후자에는 푸허(부하富河)문화, 자오바오거우(조보구趙寶溝)문화, 홍산문화가 포함되고, 후 홍산문화로는 샤오허옌(소하연小河沿)문화를 거론하는데 이들 사이에 계승과 공존·교차 등 다양한 관계가 존재함은 물론이다.[4]

유적 답사에서 가장 중요한 것은 효율적인 일정을 짜는 것이다. 답사 장소가 광대한 데다 일정이 빠듯할 때는 더욱 그러한데, 바로 홍산문화 유적 답사가 그렇다. 홍산문화 답사는 크게 두 갈래로 나누어 진행하는 것이 일반적이다. 첫 번째로 전기인 기원전 8000~3500년 신석기시대의 유적을 답사한다. 현재까지 홍산문화는 약 1,000여 곳의 유적지가 발견되었는데 1,000여 곳 중 725곳이 네이멍구자치구 츠펑시에 밀집되어 있다는 것이 장점이다. 그럼에도 네이멍구는 광대한 지역을 포괄하므로 한 지역에서 다른 지역으로 이동할 때 상당한 시간이 소요된다는 것을 감안해야 한다.

두 번째로 선先홍산문화를 이은 협의의 홍산문화 유적지를 답사한다. 여기에는 뉴허량(우하량牛河梁)의 '신비의 왕국'이 포함된다.

홍산문화로 거명되는 곳이 워낙 넓어서 답사 일정을 단번에 짜는 것이 만만치 않지만, 답사의 편의와 정보 확보를 위해 협의

의 홍산문화 유적지인 뉴허량을 먼저 설명하겠다. 이곳을 먼저
답사하면 선홍산문화에 대해 많은 정보를 가지고 앞으로의 답
사를 진행할 수 있다는 장점이 있다. ✿

제 1 부

홍산문화 유적 답사

제 1 장

뉴허량 '신비의 왕국,

뉴허량 유적:
묻혀 있던 여신이 발견되다

뉴허량 홍산유적은 1930년대 중반에 일본인들에 의해 발굴된 유적지로, 당시만 해도 학자들은 이 유적지의 중요성을 그리 깊이 깨닫지 못했다.[1] 그런데 1970년대 말부터 발굴 작업이 진척되면서 중국을 놀라게 하는 발굴이 연이어졌다.

1979년 중국 최초의 원시 종교 유적인 둥산쭈이(동산취東山嘴)에서 발견되었고 1983년부터 1985년까지 대대적으로 차오양시 인근에서 뉴허량 유적이 발굴되었다. 홍산문화의 유물들

뉴허량의 제13지점 피라미드 유적. 피라미드 형태는
제단을 갖춘 무덤으로, 신전 역할을 했다.

이 대량으로 발견된 차오양시는 랴오닝의 서쪽에 있으며, 허베이, 몽골, 랴오닝성이 만나는 지점으로 면적은 총 2만 제곱킬로미터다. 인구는 2005년 기준 334만 명이고 한족, 몽골족, 회족, 만족, 조선족 등이 거주하고 있다. 이곳의 광물 자원은 중국에서도 단연 최고로, 금 생산량은 전 중국 1위이며 망간은 동북 지역 1위다. 또한 규석, 석회석, 고령토 등의 질이 좋은 것으로도 유명하다.

특히 차오양 지역 인근에 있는 베이퍄오시(북표시北票市) 쓰허촌(사합촌四合村)은 새의 공룡 진화설을 뒷받침하는 '장모공룡 중화용조長毛恐龍中華龍鳥'가 발견된 곳으로, 1996년 이후 계속해 시조새 화석이 발견되어 '세계 고생물 화석의 보고'로 알려져 있다. 현재 '쓰허촌 고생물화석관'에서 수많은 시조새 화석을 전

시하고 있다.

뉴허량 유적이 발견된 뉴허량촌은 둥산쭈이에서 약 50킬로미터 떨어진 젠핑과 링위안 중간에 있다. 이곳은 인근의 다른 지역과 달리 울창한 소나무로 둘러싸여 있으며, 여기서는 제단, 여신묘女神廟, 적석총積石塚과 이집트와 유사한 형태의 피라미드, 성으로 둘러싸인 도시 형태와 돌로 쌓은 방형(사각형) 모양의 광장이 발견되었다.[2] 놀랍게도 뉴허량 유적의 연대는 기원전 3630(±110)년, 둥산쭈이 유적의 연대는 기원전 3535(±110)년으로 추정된다.

당시 훙산 지역은 현재보다 훨씬 따뜻한 온난·습윤 지대로 농업에 적격이어서 석제 농기구를 이용해 경작을 했다. 수확을 위한 돌칼, 곡식 가공을 위한 연석軟石과 공이 등도 발견되었는데, 이는 당시에 분업이 이루어졌음을 알려주는 유물이다. 또한 홍산인들은 목축과 고기잡이, 사냥도 했다. 홍산에서 발견되는 채색토기 문양 중 상당 부분이 고기비늘과 물고기 문양이다. 토기에 이것을 그렸다는 것은 홍산인들에게 수렵 생활이 일반적인 일이었다는 것을 뜻한다. 이런 면을 종합적으로 볼 때 홍산문화의 경제 형태가 다방면적이라는 것을 알 수 있다. 즉 발달된 농업경제, 보조적인 목축과 어업경제 그리고 분업화된 수공업경제가 상존한 것이다.

중국의 학자들은 이 유적들을 근거로 '신비의 왕국(여왕국女王國)'이 이 지역에 존재했음을 인정하고, 그 연대를 무려 5,500여 년 전으로 산정했다. 한마디로 고조선보다 1,200여 년인 기원전 3500년경부터 뉴허량 홍산 지역에 국가가 존재했다는 것이다.[3] 중국은 이들 뉴허량 유적 제1에서 제16지점 전체를 '국가고고유지공원國家考古遺址公園'으로 지정해 보호하고 있다.

뉴허량 유지 박물관

중국은 2018년 세계문화유산 지정을 목표로 뉴허량 유적지 세 곳에 전시관과 박물관을 지었다.[4] 첫째는 뉴허량 유지遺地박물관으로 뉴허량에서 발굴된 각종 유물은 물론, 박물관 주변에 천단天壇을 복원해 '삼원지방'이 무엇을 뜻하는지 설명하고

있다. 또한 뉴허량 유적뿐 아니라 선홍산문화를 계통적으로 설명해주고 있어 홍산문화 전체를 아우르는 데 도움을 준다. 더불어 뉴허량 유지를 보다 철저하게 관리 보존하기 위해 '고고박물대'를 위한 건물인 뉴허량고고공작점을 함께 건설했다.

적석총과 제단

뉴허량 유적지는 매우 넓어 확인된 유적의 면적은 50제곱킬로미터에 달하고, 20여 개 지점 중 6개 지점에서 적석총이 발견된다. 돌을 쌓아 만든 적석총은 뉴허량에서 발견된 무덤의 특징이다. 적석총에 쓰인 돌은 석회암과 화강암인데 시대가 오래

될수록 규모가 더 크며 묘의 형태도 더 복잡하다.

일반적으로 구릉 하나에 적석총 하나를 세웠지만 한 구릉
에 여러 개의 적석총이 있는 곳도 있다. 중심 대묘大墓는 적석총
의 중앙에 위치하며 묘실은 넓고 깊은 묘혈墓穴에 구축되어 있
다. 여러 개의 적석총이 있는 곳은 하나하나의 적석총이 또 하나
의 단원壇垣을 이루는 등, 일정한 규칙 아래 건설되었다. 또 각 적
석총 사이에 담장을 설치해 독립성을 강조했다. 각각의 적석총
내부에는 몇 개의 줄로 나뉘어 묘실이 배치되어 있다.

이런 절대적인 구분은 홍산문화에서 이미 사회 변혁이 폭
넓게 진행되고 있었다는 것을 뜻한다. 각각의 구릉이 하나의 대

뉴허량 제2지점 계단식 적석총. 이곳은 제단과 적석총, 26기의 석관묘가 묻힌 적석
유구(돌을 쌓아 놓은 시설물) 등으로 구성된다.

단원을 대표하며 각 구릉 위의
여러 적석총은 대단원 하부의
중단원, 각 적석총 내의 묘실
한 줄 한 줄은 소단원을 대표
한다. 이것은 피라미드식 계
층 구조의 존재를 의미하는데,
학자들은 이들 적석총이 '일
인독존一人獨尊' 즉 우두머리를
중심으로 한 등급제를 드러내
고 있다고 설명한다. 큰 틀에
서 볼 때 홍산문화 유적에서
발굴된 무덤의 형태는 동일하
지 않으나, 이것은 무덤이 만
들어진 연대가 각자 다르기 때
문이다.[5]

판석으로 짠 상자 모양의 돌널과 깬 돌을 쌓아올
린 돌널을 배치해 만든 돌널무덤. 무덤 안에서는
옥을 찬 귀인의 유골이 발견된다.

적석총의 한 지점에서 15기의 돌널무덤(석관묘)도 발견되
었다. 이들 돌널무덤은 여러 장의 판석으로 짠 상자 모양의 돌널
과 깬 돌을 쌓아올린 돌널이 함께 배치된 형태였다. 돌널무덤의
외형은 원형과 장방형 두 종류로, 원형의 직경 또는 장방형의 경
우 한쪽 면의 길이가 20여 미터나 된다.[6]

중국은 뉴허량에서 발견된 제단 유적을 '천원지방天元地方' 사상의 원형이자, 베이징(북경北京) 천단天壇 구조의 원형이라고 본다. 또 제단 유적지의 안내판에는 "국가가 되기 위한 모든 조건all conditions to be a state을 약 5,500년 전에 갖춘 뉴허량 홍산문화 유적지"라고 설명한다.

뉴허량 16개 지점 중 제2지점은 100미터가 넘는 대규모 유적지로, 중국은 이 유적지 전체를 하나의 철골구조 돔으로 덮어 대형 박물관으로 만들었다. 이곳에는 26기의 크고 작은 석관이 있는데 큰 석관은 길이 2미터, 높이 60센티미터 정도이며, 작은 석관은 깊이가 55센티미터 정도다. 이곳에서는 돌널무덤의 인골 등을 그대로 전시해 여러 가지 적석총의 원형을 한눈에 볼 수 있다. 적석유구積石遺構 속에 석관묘를 밀집시켜 조성한 것은, 황해북도 황주군 침촌리 적석총이나 강원도 춘천 천전리 적석총과 비슷하다.

여신묘

중국이 자랑하는 뉴허량의 유적 중에서 가장 비중이 큰 것은 뉴허량 북쪽 구릉 꼭대기에 위치한 여신묘(사당)로, 해발 고도 671.3미터에 있으며 대지 넓이는 175×159미터로 상당히 큰 규모다. 여신묘의 위치는 당대인들이 계획적으로 선정한 것으로 추정하는데 그 이유는 여신묘가 여러 구릉 위에 흩어져 있는 적석총이 에워싸는 중앙 부분에 있기 때문이다. 이곳은 뉴허량 유지 박물관과 제2지점 박물관의 중간 지역으로 양쪽에서 진입할 수 있다.

사당의 터는 남북으로 가장 긴 곳이 22미터, 동서로 좁은 면이 2미터인데 넓은 면은 9미터나 된다. 사당은 본체와 부속 건물로 나뉘며 본체는 여신묘를 포함한 여러 개의 사당 건물로 구성되어 있고 부속 건물에는 지하 공간이 있다. 방사성 탄소연대측정에 의하면 여신묘의 조성 연대는 5575(±80)년이다.

여신묘는 비교적 보존 상태가 좋은 반지혈식半地穴式으로 지하 부분의 깊이는 0.8~1미터다. 주실主室은 7칸의 방이 서로 연결된 구조로 좌우대칭성을 보이는데 테라코타의 원기둥들이 건물을 받치고 있었을 것으로 추정한다.[7] 담장은 나무와 흙에 풀을 섞은 재료로 만들었으며 주홍색과 흰색으로 채색된 기하 문양의 벽화도 그려져 있다. 당시는 역사 이전의 시대였음에도, 이들 건축물은 선조를 숭배하는 종교의식을 행하는 종묘의 역할을 했다는 것을 알 수 있다.

학자들은 고대사회에서 여신은 생육生育을 의미해 다산과 수확을 상징하므로, 여신 숭배 사상은 선조에 대한 상당히 성숙된 숭배 의식이 있을 때 비로소 나타난다고 생각한다. 중국에서

는 한동안 여신 숭배 사상이 있었음을 증명해줄 유물이 나타나
지 않아 학자들을 괴롭혀왔다. 바로 이 의문을 풀어준 것이 소조
등신塑造等身여신상이다.

　　소조상은 당대인의 얼굴을 기초로 하지만 약간 과장하는
면도 보인다. 학자들은 이는 인간을 그대로 묘사한 것이 아니라
당시의 신을 형상화했기 때문이라고 생각한다. 즉 인간들의 내
재된 감정을 표현하는 신화적인 여신의 모습을 만들었다는 것
이다. 여신묘에서 일상생활 용구가 전혀 발견되지 않고 인물소
조상만 발견된 것은 여신묘가 일반 거주지가 아니라 특수한 용

여신묘 발굴당시 사진(왼쪽)과 위에서 본 여신묘(오른쪽). 팻말 하나당 방 1칸으로 총 7칸의 방
이 연결된 구조다. 중앙 오른쪽의 원 안이 여신상.

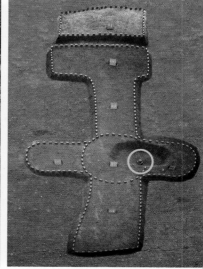

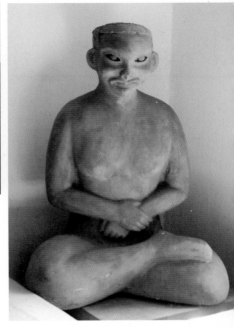

소조등신여신상의 머리 부분(왼쪽)과 여
신묘에서 출토된 조각상과 자료를 토대
로 복원한 여신상(오른쪽).

도의 건축물임을 알려준다. 또 여신 사당에서 발견된 7개의 인
물상이 모두 여성인 것을 두고 학자들은 홍산문화인들이 다신
多神을 숭배한 증거라고 생각한다.

　　중국의 고고학자들은 몽골인의 얼굴을 한 여신상을 홍산
인의 여자 조상祖上, 즉 중화민족의 공동 조상이라고 강조한다.
따라서 이 여신상을 중국 역사에서 가장 중요한 유물 가운데 하
나로 평가한다. 그러나 역사가 임창숙은 이 소조등신여신상이
한민족의 조상임이 분명하므로,『부도지符都誌』에 기록되어 있는
'마고麻姑할머니'로 명명하자고 제안했다. 한편 뉴허량 지역이
단군조선의 무대라는 점에서 여신묘에 모셔진 여신이 단군을

낳은 웅녀의 조상이라는 설도 있다.

　여신묘에서 발견된 여신상과 유사한 소조상은 오늘날 만주 일대와 한반도에서도 발견된다. 함경북도 청진시 농포동과 웅기군 서포항 유적에서도 소조인물상이 나왔다. 선문대학교 석좌교수인 이형구는 1956년에 출토된 농포동 인물상은, 허리를 잘록하게 좁힌 다음 그 아래는 다시 퍼지게 만드는 등 '여신'의 인상을 가지고 있어 둥산쭈이의 임신부상을 연상시킨다고 설명한다.

　더불어 여신묘 주변의 적석총군積石塚群도 중요한 유적이다. 이것은 여신묘를 중심으로 사당과 총塚이 결합된 것이다. 적석총에서 지내는 묘제가 조상의 혼령을 주요 숭배의 대상으로 삼았다면, 여신묘는 주신主神과 그 주신을 둘러싼 계층화된 조상의 우상군을 제사한다.

　뉴허량의 여신상이야말로 중국 고대에 발달한 조상숭배의 원형을 보여준다는 설명이다.[8] 중국 당국은 이들 여신묘가 발견된 제1지점에 대형 전시관을 건설했다. 1층에는 발굴 유적을 그대로 노출했고 2층에서는 여신묘 관련 자료를 전시하고 있다.

　일반적으로 중국에서는 국가에서 운영하는 박물관이면 입장료를 받지 않는다. 그러나 이 세 전시관은 입장료를 받는다. 세 곳의 입장료를 함께 받는데, 가격은 100위안 이상이다. ❀

적석총

적석총은 중국과 전혀 다른 묘제墓制다. 적석총은 랴오허 일대에서 한민족의 터전으로 이동하지만 중원中原 지역으로는 내려가지 않는다. 중국은 땅을 파서 묘실을 만들고 시신과 유물을 안장하는 토광묘土壙墓가 주류를 이루었고, 주나라 때에 들어서야 비로소 나무로 곽을 짜서 묘실을 만드는 목관 묘가 유행했다.

죽은 사람을 매장하는 풍습은 오랜 기간 변하지 않고 완고하게 그 민족 고유의 전통으로 내려온다. 특히 무덤은 지역 집단의 공통된 참여를 통해서 축조되므로 무덤의 성격에 따라 무덤을 만든 민족의 유사성을 구분할 수 있다. 중국과 동이족의 무덤이 원천적으로 다른 것은 이들 문명이 근원적으로 다르다는 것을 의미한다. 그러므로 어떤 민족이 타 민족을 정복했을 경우 선주민의 묘를 파괴하는 분묘 파괴 행위가 나

뉴허량 제2지점의 항공사진.
제2지점은 제단과 적석총, 26기의 돌널무덤이 묻힌 적석유구 등으로 이루어진다.

타난다. 이것은 분묘가 자신과 선조와의 계승 관계를 확인하
는 행위로 간주되기 때문이다.

　홍산문화와 동일한 적석총을 채용한 나라는 고조선이
다. 그러므로 고조선문화의 전 단계인 홍산문화는 동북아시
아의 강대국가를 이룩했던 고조선의 선조들이 이룩한 문화
다. 적석총은 한반도와 만주에 널리 분포되어 있는 한민족의
전형적인 무덤으로 고구려와 백제 초기까지 이어진다. 동이
족의 근거지라고 간주되는 홍산 지역은 물론, 만주와 한반도
에서 적석총이 계속 이어져왔다는 것은 민족이 계승되었음을
의미한다. 동이족이 중국과 다른 차별성을 갖고 있다고 부단
히 주장하는 이유다.[9]

둥산쭈이 유적:
신에게 제사를 지내던 곳

뉴허량에 신비의 왕국이 존재했다는 근거 중 하나로 제시되는
중국 최초의 원시종교 유적은 둥산쭈이에 있다. 약 5,500년 전
의 유적으로 추정하는 둥산쭈이는 1979년에 발견되었는데, 뉴
허량 유적지에서 약 50킬로미터 거리에 있는 카줘현 둥산쭈이
촌 커라첸줘이(객라심좌익略喇沁左翼) 멍구쭈자치현(몽골족자치현蒙古
族自治縣)에 있다.

　이곳은 남쪽으로 다링강(대릉하大凌河)과 인접해 있고 동, 서,

북쪽으로는 황토로 된 언덕으로 둘러싸여 있다. 유적은 길이
60미터, 폭 40미터로 총 면적은 2,400제곱미터이다. 큰 돌을 쌓
아 올린 건축 유적으로 남쪽은 둥글고 북측은 네모나며, 중심을
기준으로 양쪽이 대칭을 이루고 있다. 바깥쪽에는 돌을 하나하
나 교착시켜 쌓았고 기다란 기단석基壇石은 돌을 떼어 내어 각 모
서리가 돌출되어 있고 표면은 넓다.[10] 이곳 사람들의 돌 가공 기
술과 축조 기술이 상당했음을 알 수 있는 부분이다.

　　둥산쭈이 유적에는 장방형 대지에 직영 2.5미터의 원형 제

| 둥산쭈이 유적의 원형 제단. 이 부근에서 다량의 유적이 출토되었다.

원형 제단에서 출토된 채도.

단이 있는데 모두 가공한 돌(아란석鵝卵石)로 지은 것이다. 제단 부근에서 시체를 묻은 묘장墓葬이 발견되었고 이곳에서 대량의 도기, 석기, 골기, 옥기, 석제 장신구, 도인상道人像 등이 출토되었다. 도기는 일상생활에 사용하는 것으로 제기의 일종인 그릇, 항아리, 잔, 병, 접시 등이 포함되어 있었는데, '채도왕彩陶王'이라 불리는 두께 1.3센티미터의 채도(칠무늬토기)도 있었다. 채도의 문양은 도안이 간결하며 삼각형이나 평행선 등 기하학적인 것들이다. 묘장에서는 또한 다량의 돼지 뼈와 사슴 뼈가 발견되었다.

이 유적이 중요하게 간주되는 것은 특정 정교예의政敎禮儀가 이곳에서 시행되었다고 믿기 때문이다. 고고학자 쑤빙치蘇秉琦는 유적지의 위치와 출토된 여신상과 방형, 원형 제단 등을 근거로 고대 생육 숭배, 농신 숭배, 지모地母 숭배, 산천 숭배의 장소라 보았고, 역사학자 장보촨張博泉은 하늘에 제사를 지내는 원단과 땅에 제사를 지내는 방단方壇이라고 주장했다.

랴오닝사범대학 교수 톈광린田廣林은 이들의 주장을 보다 진전시켜 둥산쭈이 유적이 초기 사社숭배 유적지라는 데 동의하면서, 동시에 홍산문화인들이 몇 개 부락에서 공동으로 사용하던 천지, 조상, 산천 등 여러 신에게 제사를 지내던 곳이라고 주장했다. 그는 더불어 홍산문화인의 옛 땅에서 발전한 오환, 거란, 몽골 등 북방 민족의 제천 풍속의 근원이 이것에 기원할 수 있다고 적고는, 그 중요성을 더욱 높게 평가했다. 둥산쭈이 유적이 실질적으로 예제禮制 전통에 있었으며 결코 무술巫術에만 있지 않았다는 것이다.

중국에서 둥산쭈이 유적을 특별히 강조하는 것은 둥산쭈이 제단이 당시 홍산인들의 취락지에서 멀리 떨어져 있고, 천지·조상에게 제사를 지내는 공공 제사 활동과 연관된 대형 유적이기 때문이다. 실제로 둥산쭈이에서 발굴된 유물의 대다수는 제사 활동과 직접 연결된다. 그곳에서 발견된 마제석부磨製石斧. 마광석부磨光石斧, 타제아요석부打製亞石腰斧 등은 전형적인 제기祭器로 분류된다.

제단 북부 서쪽의 방형 기초 유적은 유적 중 시간적으로 중첩되어 있는 유일한 예禮 성격의 유적이며, 남부에서 발견된 몇 개의 원형 단형壇型 건축물도 시간적으로 중첩되어 있다. 이로서 이곳 유적들이 장기간에 걸쳐 예의 장소로 사용되었음을 알 수 있다.

둥산쭈이 제단은 석재로 수축된 군체群體 건축물이다. 유적지의 넓이는 약 60x40미터 정도로 둥산쭈이 산등성이의 가운데 완만하게 돌출된 평지 위에 있다. 이들 건축물은 균일하게 대칭을 이루어 분포하고 있어, 당시의 높은 건축 설계 시공 기술을 미루어 짐작할 수 있다.

석축 제사 건물지의 중심 부위는 대형의 사각형 기단基壇 터로, 길이가 11.8미터, 폭이 9.5미터다. 바닥 부분은 편평하고 딱딱한 황토 면으로 중간에 커다란 홍색 소토면燒土面이 있다. 기단 터의 둘레는 석축 담장 터이며 그 바깥쪽은 편평하다. 기단 터 안에 3개의 돌무더기가 발견되었는데 가장 커다란 것이 원형이며 돌이 빽빽하게 채워졌다. 또한 기단 터 안에서 옥황玉璜, 쌍룡수옥황雙龍首玉璜 등 옥기가 발견되었다. 사각형 기단 터의 동서 양쪽에 대칭을 이룬 석벽이 여러 겹 설치되어 있는데 서쪽의 석벽은 20미터나 된다.

이들 석조 기단 터와 뉴허량 적석총은 구조상 서로 같은 점도 있고 다른 점도 있다. 예를 들어 중심에 있는 돌무더기로 이것은 아마도 무덤과 제사의 이중 기능을 겸비했거나 혹은 무덤이 폐기된 이후 제단으로 개조되었을 가능성도 있다.

방형 기단 터 남쪽에 있는 원형의 단▥ 터에는 서로 다른 두 시기의 터가 있다. 방형 기단 터와 동일한 층위의 것은 남쪽 약 15미터 지점에 위치한다. 이것은 지름이 2.5미터로 돌을 원형으로 쌓았다. 주변은 장방형의 돌로 테두리를 둘러, 그 바깥쪽을 가지런하게 처리했으며 안쪽에는 크기가 유사한 작은 강자갈을 깔았다. 이 원형의 기단 터보다 앞선 지층에서도 이와 유사한 기단 터가 발견되었는데, 이것은 원형 기단 터의 남쪽 4미터 지점에 있다. 이것은 서로 연결되어 있는 3개의 원형 기단 구성으로 제단 유적임을 확연히 알 수 있다.[11]

모든 제단에서 기둥을 세웠던 흔적을 발견할 수 없는 점으로 보아, 이들 제단이 노천 건축이었음을 보여준다. 방형 제단 밖으로 난 돌담의 기초 흔적은 제단의 외면을 둘러싼 담장의 유적으로 추정한다.

둥산쭈이를 더 유명하게 만든 것은, 옥기와 원형 석축지에서 나온 20여 개의 인물조각상과 임신부 모습의 소조상이다. 조각상은 모두 임신부 형태로, 머리 부분과 왼쪽 어깨가 사라진 채 발견되었지만, 다리는 남아 있었고, 몸의 형태가 확실했다. 하나

는 잔존 높이가 7.9센티미터로 몸이 긴 편이었으며, 나머지 한
점은 온몸을 갈아서 윤을 냈는데, 채색한 듯 하고, 잔존 높이가
5.8센티미터로 좀 뚱뚱하다. 체형은 비대하고 윤택해, 왼팔을
가슴 앞으로 굽히고 있고 아랫배가 튀어나왔으며, 둔부는 비대
하고 돌기 되어 있고 뚜렷한 음부를 나타낸다.[12]

　역사학자 유웨이차오俞偉超는 이 임신부 조각상을 "고고학
계가 30여 년을 기다려 온 중대한 발견"이라고 말했다.[13] 이 임
신부 조각상 말고도 다른 인체 조각상도 확인된다. 이것은 인체
의 상부와 대퇴부 등 남아 있는 조각
으로 높이는 18센티미터, 두께는
22센티미터다. 남은 조각들을
조립하자 사람 형태의 3분의 1
정도가 드러났다. 비록 목 부분
은 없어졌지만 당대 조각 예술의 높
은 수준을 웅변한다. 소조 수법이라
든지 손과 발 등 세부의 처리가 간단하
지만 형체의 동작이 매우 자
연스럽고 인체 비례가 완벽
하다. 이 입상은 걸터앉은 형
태의 좌상으로 추정하는데

도소잉부상陶塑孕婦像의 모습. 중국 학
계는 잉부상은 모계사회 출현의 단적
인 예이며, 5,000년 전 원시문명의 증
거라고 해석한다.

이를 '중국의 비너스中國維納斯'라고 부른다. 이 조상이 발견된 위치가 원형 제단 위임을 감안해서 이를 남부 원형 제단의 신주神主로 간주한다. 둥산쭈이 제단이야말로 중국 랴오허 지역에서 가장 역사가 오래된 사단社壇이라는 뜻이다.[14] 방사성 탄소연대측정 결과 둥산쭈이 유적은 지금부터 5,485(±110)년 전에 형성된 것으로 추정된다.[15] ✿

홍산의 옥 문화

홍산인들은 정신문화 범주에 속하는 옥이야말로 물질문화를 배척하고 정신문화를 중시하는 절대적인 표상으로 생각했다. 옥은 장식으로서 예술적 가치 이외에, 신분과 지위를 상징하는 정치적인 의미와 옥기를 매장해서 영생을 기원하는 종교적 의미도 갖고 있다. 무인巫人과 하늘神과 옥玉이 삼위일체임을 홍산인들은 확실하게 인지하고 있었다. 그래서 홍산인들은 하늘 운행의 궤적이 있는 태양을 관찰해서 방원형 옥벽玉璧을 만들었다. 이것으로 하늘과 태양을 숭배하면서 땅을 사각형으로 생각하고 옥종玉琮(사각형 형태의 옥)을 만들어 땅에 제사지냈다. 중요한 것은 석기와 토기 같은 것은 생활 용구지만 옥기는 관념 형태의 창작물이라는 점이다.

옥 문화는 일찍부터 한반도에도 전파되었다. 강원도 고성군 문암리 선사 유적지(사적 426호)에서 '국내 최초의 신석

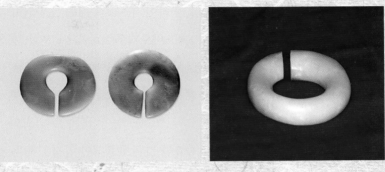

강원도 고성군 문암리에서 출토된 옥결(왼쪽)과 동이의 본향인 차하이에서 발견된 옥결. 옥결의
형태에서 유사성이 보인다.

기시대 결상이식(한쪽을 뚫은 옥 귀걸이)'가 발견되었다. 문암
리 유적은 그동안 국내에서 가장 오래된 신석기 유적으로 알
려진 강원도 양양군 오산리 유적(기원전 6000~3000년)과 비슷
하거나 보다 오래된 것으로 홍산문화와 시기가 엇물린다. 이
들 유적지에서 초기 신석기문화의 양대 토기로 인식하는 덧
띠무늬토기와 빗살무늬토기가 함께 출토되는데, 국립문화재
연구소 연구관인 신희권은 차하이와 싱룽와에서 발견된 토기
와 문양을 그려 넣은 기법이나 토기의 기형이 유사하다고 설
명했다.[16]

　　전라남도 여수시 남면 안도리 1313번지에서 발견된

6,000여 년 전 신석기 무덤에서도 결상이식이 발견되었다. 신석기시대 패총에서 몸체 정면을 하늘을 향해 나란히 눕힌 동시대 사람 뼈 2구, 불 땐 자리가 발견되었는데, 인골은 손에 조개 팔찌를 차고 있었고 둥근 고리環形의 결상이식 등을 소지하고 있었다.

　뉴허량 지역의 신비의 왕국에서 발견된 결상이식과 같은 형태의 옥 귀걸이가 한반도 중부인 강원도를 비롯해 한반도 남부에서 발견되었다는 것은, 당대의 홍산문화가 한반도 전 지역에 영향을 미쳤다는 것을 단적인 증거라고 볼 수 있다.[17]

동이족 치우 유적

중국정부가 치우蚩尤와 황제가 전투했다는 줘루(탁록涿鹿) 전투를
역사적 사실로 인정하고 삼조시대를 천명하자 이들 삼조에 대
한 각 지역의 대응은 재빠르다. 1994년부터 1998년까지 베이징
에서 약 160킬로미터 지점에 위치하는 허베이성 장자커우시(장
가구시張家口市) 줘루현(탁록현涿鹿縣) 판산진(반산진礬山鎭)의 황제성과
황제천을 정비한 것은 물론, 인접한 우바오(오보五堡)평원에 귀근
원歸根苑과 황제·염제·치우를 배알하는 중화삼조당中華三祖堂을
건립했다.18 이곳은 베이징에 있는 불광당佛光堂을 모방한 것으로
알려지는데 중국은 현재 '중화제일제당'이라 선전한다. 중화삼
조당 실내 중앙에 황제, 황제의 좌측에 염제, 우측이 뿔이 난 치
우의 거대한 소상塑像을 안치했고 벽면에 삼조의 치적을 그렸다.
삼조 모두 특이한 상징물을 가지고 있는데 치우는 뿔이 우뚝 세

중화삼조당의 전경(위)과 중화삼조당에 모셔져 있는 치우·황제·염제의 소상(아래).

워져 있는 소뿔이 그것이다. 당시 치우는 동두철액銅頭鐵額이라
해 구리로 된 투구와 쇠로 된 갑옷을 입고 큰 안개를 일으키며
황제와 쥐루에서 싸웠다고 한다.

중화삼조당 인근에는 황제성이 있다. 불규칙한 직사각형
으로 폭이 300미터나 되는데, 높이 3~5미터 정도의 토성이 남

아 있다. 당시로는 매우 큰 성으로 입구에 황제 석고상이 있다. 황제가 천(옷감)을 발명했다고 해 석고상 어깨에 천이 걸쳐 있고 손에는 거북을 들고 있다.

황제성 바로 옆에 판천수阪泉水 연못이 있는데 전설에 의하면 이 연못은 황제가 '탁욕용체濯浴龍體'한 곳이라 해 '탁용지濯龍池'라고도 부른다. 경내에 '천하제일황제천天下第一黃帝泉'과 석비石扉가 보이며, 지하 170~500미터에서 물을 퍼올려 천하에 가장 질이 좋은 약수를 생수로 판매하겠다는 계획도 세웠다고 한다. 천하제일황제천 석비에는 다음과 같이 적혀 있다.

황제천과 석비. 황제천은 흑룡지라고도 부른다.

"이 샘은 황제 부락에 있어서 얻은 이름으로 흑룡지黑龍池라
고도 부른다. 이 샘은 동북쪽으로 흘러 치우천蚩尤泉과 합류해 탁
수涿水로 유입된다. 탁수는 또 다시 동쪽으로 흘러 지금의 쌍간
강(상간하桑干河)이 된다. 이곳이 황제와 치우가 전쟁을 한 고유적
지固遺跡地다."

인근에 염제사炎帝祠 구지舊址가 있다. 염제가 치우 또는 황제
와 싸울 때 지휘 본부였다고 하는데, 아무런 장식이 없고 퇴락한
상태로 대들보에 태극과 팔괘가 그려져 있다.¹⁹

쮀루현 판산진에서 유명한 곳은 치우채蚩尤寨다. 치우채에
는 천연 샘물인 치우천이 있어 풍부한 물이 나오며, 또 수령
1,000년이 넘는다는 소나무가 있는데 어른 세 명의 양팔로 둘러
도 모자랄 정도로 거대하다. 단애 위에는 치우 삼채三寨가 있다.
전방방어진지인 북채北寨는 단애의 골이 깊어 적군이 접근해 공
격하기 어려운 천혜의 위치에 있다. 이곳에는 치우를 의미하는
커다란 당堂나무가 있어, 이곳 주민들은 매년 절기에 맞추어 제
사를 지낸다. 반면에 치우의 지휘 본부인 중채, 후방보급기지인
남채는 아무런 비석도 없이 황무지 그대로다. 또한 치우의 사지
祠地와 성 유지는 마을이 들어와 흔적을 찾아볼 수 없다.

황제에게 패한 치우의 시신은 7등분해 일곱 곳에서 장사지

치우천과 수령이 1,000년이 넘었다는 치우송蚩尤松.

냈다고 알려진다. 따라서 치우릉은 여러 곳에 있다. 알려지기는 동분東墳 2개소, 서분西墳 3개소, 남분南墳 1개소가 있고, 산둥성(산 둥성山東省)의 원상현(문상현汶上縣) 난왕진에 1개소가 있다.

허베이성 장자커우시 화이라이현(회래현懷?縣) 타쓰촌(탑사촌 塔寺村)에 있는 남분은 삼조당이 건설된 곳에서 약 20킬로미터 지 점에 있는데, 산간벽지라 이동에 1시간 이상 걸린다. 치우묘는 타쓰촌 동산 언덕에 있으며 비석은 약 2미터로, 용 네 마리가 새 겨진 백색의 무자비無字碑다. 비석에 아무 글도 쓰지 않은 것은 너 무나 많은 공적이 있어 다 쓸 수 없어서라고 한다. 이 비는 홍위 병 난동 때 땅에 묻었다가 다시 복원한 것이다. 남분에는 치우의 시신 중 머리 부분이 묻혀 있다고 알려졌는데, 근래에는 치우의 진신眞身 즉, 몸을 매장한 곳이라 알려져, 부락에서 매년 음력 4월 18일에 제사를 지낸다.

치우의 서분西墳은 바오다이진(보대진保岱鎭) 야오쯔터우촌(요 자두촌窯子頭村)에 있는데 치우의 어깨와 다리를 하나씩 각각 묻은 곳이라고 한다. 밭 가운데 있는데 봉분은 상당 부분 파헤쳐져 도 굴된 상태로 다리를 묻은 두 곳은 불명이다. 마을 주민이 현존하 는 서분에서 청동제 유물을 발견했고, 이곳이 과거에 전쟁터였 다고 설명한다.

치우의 동분東墳은 장자커우시 화이라이현 상위안향(상원향

치우동분(蚩尤塚簡介)

蚩尤塚也被稱作東平陸時期。據《史記·五帝本紀》所載：「蚩尤作亂，不用帝令。」于涿鹿之野，乃徵師諸侯與蚩尤戰于涿鹿之野，遂擒殺蚩尤。」

現今在涿鹿古城西南上有兩座蚩尤墳。此大戰古城墩八卦村附近高地上的被稱為南蚩尤，寺村一小兩座墳。每村附近桑園鎮八卦村附近高地上的被稱為南蚩尤。此大戰古城墩八卦村附近古墳分為八戶所築蚩尤墳死后在東一南三個小戶所。葬埋此地原因有待專家考証。

一九九五年九月一日全國蚩尤作亂社論計論會在黃帝之祖以公正、科學眼光以黃帝之祖先，東夷氏族是黃炎之祖，先炎黃敗蚩尤共稱三祖也，其必將成為海內外炎黃子孫其時仰蚩尤之地。

黃帝交通局在村村通工程建設中、為了更好地保護這處歷史文化遺產科學眼光以黃帝之祖修建黃尤文化墙，旨在弘揚炎黃文化，加强民族團結，共同為構建和諧美好的中華民族大團結作出貢獻。

蚩尤

장자커우시에 있는 치우 동분. 멸실 상태의 봉분을 정비하고 무덤 앞에 벽화를 세웠다.

桑園鄉) 바과촌(팔괘촌八卦村)에 있는데, 거의 멸실 단계에 있던 것을 재정비해 치우의 전적을 무덤 앞에 벽화로 그려놓았다. 정남방에 있는 큰 무덤의 봉분은 길이 약 20~30미터, 폭 5~6미터, 높이는 약 2~3미터다. 주변에 작은 무덤이 딸려 있는데 이 역시 치우 무덤으로 알려져 있으며 큰 무덤의 봉분 위에 도굴 흔적이 보인다. 주위는 온통 살구나무 밭이다.

한편 1997년에는 치우릉이 중국 산둥성의 원상현 난왕진(남왕진南旺鎭)에서 발견되었다. 학자들은 이곳을 치우의 본거지이자 치우의 머리를 매장한 곳으로 추정한다. 취푸(곡부曲阜)에서

약 30킬로미터 지점에 있는 이곳에 대해 원상현 박물관의 둥원
화董文華 관장은, 원상현이 구려句黎 부족의 연고지였으므로 이곳
이 치우의 주 근거지라고 설명했다. 인제대학교 석좌교수인 진
태하도 "치우는 신체 부위별로 세 곳에 분산 매장되어 있다"고
알려졌다는 것을 근거로 원상현의 치우릉을 주체로 추정했다.

치우릉은 흙으로 만든 동산 같은 대형 무덤(높이 약 9미터)으
로 무덤 주위에 해자垓字를 둘렀다. '치우총蚩尤塚'이라고 새긴 청
나라 때의 비석에는, 염제와 동시대 사람으로 "부락 수령이자
민족 영웅"이라는 간단한 명문이 새겨져 있다. 2008년 4월에 방
문했을 때는 치우총이라고 적힌 석비가 사라지고 없었는데, 관
리인의 말로는 어느 날 밤에 누군가 가지고 갔다고 한다. 따라서
현재는 표지석만 남아 있다.[20]

한편 천하제일릉天下第一陵으로 불리는 황제릉은 산시성(섬서
성陝西省) 황릉현(황능현黃陵縣)의 차오산(교산橋山)에 있다. 차오산은
서안에서 180킬로미터 북쪽에 있다. 황제 능역은 무려 58만 평
에 이르며 측백나무가 8만 2,600여 그루가 있는데 그중 3만 여
그루의 수령이 1,000년이 넘었다고 한다. 이곳은 중국 최대의 측
백나무 군락지이다. 이 황릉은 중국의 중점문물보호 제1호이자
고분장류古墳葬類 1호로, 중국의 시조인 황제 헌원씨의 능묘다. 황
제릉은 원형 토총土塚으로 높이 3.6미터, 둘레 48미터, 면적은 약

200제곱미터다. 능에는 측백나무 여러 그루가 자라고 있는데 이는 벌초를 하지 않는다. 측백나무 한 그루는 높이 19미터, 둘레 11미터로 황제가 직접 심었다고 한다. 만일 황제가 직접 심었다면 수령은 5,000~4,700여 년이다. 중국인들은 이를 진실이라고 믿는다.

쿤룬산(곤륜산崑崙山)에서 뻗어내리는 차오산은 거대한 용처럼 생겼으며 천하의 명당으로 알려진다. 황제묘는 용 꼬리 부분에 위치하는데 최초의 건립은 한나라 때였으나 현존하는 묘는 송宋대에 건립한 것이다. 본전 안에 있는 위패에는 헌원황제지위 軒轅黃帝之位라고 적혀 있다. ✿

신석기를 아우르는 홍산문화

뉴허량 신비의 왕국 유지를 답사한 다음 네이멍구의 홍산문화
가 밀집되어 있는 츠펑 지역 답사로 향하는 것이 일반적인 일정
이지만, 츠펑에 비행장이 있으므로 츠펑 인근의 선홍산문화를
먼저 답사한 후 뉴허량으로 내려가는 것도 한 방법이다.

　　홍산은 네이멍구자치구 츠펑시의 동북방에 인접한 산의
이름으로, 이름 그대로 산 자체가 적철광赤鐵鑛으로 뒤덮여 온통
붉은색이다. 츠펑을 보는 순간 많은 사람들이 거대한 하나의 바
위산에 놀란다. 이곳에 수많은 바위그림과 신석기 유적이 있다
는 것은 고대인의 홍산에 대한 경외심이 남다르고 홍산이 아주
살기 좋은 곳이었다는 것을 알려준다. 먼저 츠펑을 주파한 후 선
홍산문화 유적지와 협의의 홍산문화를 포괄해 연대순으로 설명
하겠다. ✿

츠펑: 홍산문화의 중심지

홍산문화의 근거지라고도 볼 수 있는 츠펑은 한때 요遼나라의 수도인 중경中京이 있던 곳이다. 요나라에는 5개의 수도가 있었는데 그중 본부인 중경이 오늘날의 츠펑이다. 홍산은 츠펑시의 시가지인 홍산구에 있으며 홍산자연유적보호구紅山自然遺蹟保護區로 지정되어 있다. 정문으로 들어가면 홍산 유지군遺址群이라는 구역 안에 있는 홍산문화사민촌紅山文化史民村에 홍산인들의 주거지가 복원되어 있는데 어설프기 그지없다.

정문보다 좌측에 있는 서문으로도 들어갈 수 있는데, 이 방

| 한국으로 날아오는 황사 방지를 위해 한국이 조성한 대단위 조림지.

향으로 오르면 정상에서 바라보는 경관이 절경이지만 계단이
매우 가팔라 등산에 일가견이 없는 한 도전하지 않는 것이 좋다.
츠펑 뒤쪽으로 한국으로 날아오는 황사를 방지하기 위해 한국
이 조성하고 있는 대단위 조림 지역이 보인다. 물론 조림지를 직
접 방문할 수도 있다.

　　원래 입장료를 내면 자동차로 산 정상까지 올라갈 수 있었
는데 현재는 자동차를 통제해 홍산을 모두 보려면 상당한 시간
이 걸린다. 그럼에도 정상까지 올라가면 후회하지 않을 것이다.

　　츠펑시에서 중요한 곳은 2014년에 개관한 츠펑 박물관이
다. 이곳의 전시품 중 샤자뎬(하가점夏家店) 상층문화에서 발견되

홍산의 전경.

츠펑 박물관에는 싱룽와문화, 자오바오거우문화 , 훙산문화 관련 유적이 1만 점 이상 전시되어 있다.

는 청동투구와 전투용 마차, 비파형동검은 츠펑이 당대에도 군사 지역이었음을 알려준다. 이 유물들의 연대는 고조선시대 무렵으로 추정된다. 츠펑시 메이리강(미려하美麗河)에서 발견된 청동투구인 동두철액銅頭鐵額은 치우가 착용했다는 동두철액과는 연대상 차이가 있다. 참고로 츠펑은 중국에서 가장 질 좋은 도장돌이 생산되는 곳이다. ✵

비파형동검

중국 황허강(황하黃河) 유역은 일반적으로 '동주식동검문화東
周式銅劍文化'로 불리는데, 이 문화의 분포 범위는 황허 유역을
중심으로 북쪽은 허베이성, 산시성山西省, 산시성陝西省 등의 남
부까지 이르렀고, 남쪽은 창장강(장강長江) 북부 연안에 이른
다. 이곳은 춘추전국시대까지 중국의 영역이었다.

중국의 동주식동검은 일반적으로 검의 몸이 길고 능형
의 검코가 있다. 자루에는 2~3줄의 돋친 띠가 있는 것이 많고
자루 끝은 모두 작은 원판으로 되어 있다.

반면에 동이족의 간판이라 간주되는 비파형동검(랴오닝
식 동검)은 완전히 다르다. 검몸의 형태가 비파와 비슷하며 검
신 중앙부에 돌기부가 있으며 돌기부 양쪽으로 날이 약간씩
휘어들어갔다. 경부莖部는 그대로 이어져 검몸의 중앙부에서
등대背를 이루며, 칼날부刀部의 돌기부와 병행하는 등대 부분

비파형동검(왼쪽)과 동주식동검(오른쪽)은 한눈에 보아도 확연하게 그 모습이 다르다. 이는 비파형동검 출토지의 선주민들이 중국과는 별도로 독자의 문화를 형성했음을 뜻한다.

에는 마디가 있어 약간 도드라져 있다. 이 마디가 비파형동검을 다른 동검과 구분 짓는 가장 두드러진 특징이다. 또 비파형동검은 중국의 동주식동검과는 달리 조립식이며 검코가 없다. 이는 비파형동검문화가 중국의 고대문화나 북방계문화의 오르도스식 동검과 차이가 있음을 여실히 보여준다. 중국

과는 별도로 그 지역의 민족이 독자적으로 만들어 사용했음
을 의미한다.[21]

　　청동기시대라 해도 청동 제품은 일반인이 함부로 만들
어 가질 수 없는 물건이었다. 당시의 최첨단 청동 제품은 위
정자들만이 가질 수 있었다. 그중에서도 청동 단검은 더욱 그
랬다. 청동 단검은 당시 적과의 육박전에 사용된 주된 무기로
통치 권력의 중요한 상징이었다. 비파형동검이 발견된 지역
은 큰 틀에서 홍산문화의 영역에 들어간다. 따라서 홍산인들
이 홍산인들의 국가 즉, 신비의 왕국을 건설했고 이어서 단군
을 시조로 하는 고조선이 성립되었다고 생각하는 것은 비약
이 아니다.

선홍산문화와 협의의 홍산문화

샤오허시문화(기원전 7000~6500년)

선홍산문화에서 가장 오래된 곳은 샤오허시문화다. 츠펑시 인근의 아오한기(오한기敖漢旗) 샤오허시촌, 뉴구투향(우고토향牛古吐鄕), 첸진잉쯔촌(천근영자촌千斤營子村) 등 10여 곳에서 발견된 샤오허시문화는 동북아시아에서 가장 연대가 오래된 신석기문화 유적으로 알려져 있다.

이곳의 총 44여 곳에서 이들 문화가 발견되는데 시라무룬강 유역에 40여 곳이 집중되어 있다. 주요 유적은 멍커강(맹극하

孟克河) 유역, 자오라이강(교래하教來河), 라오하강(노합하老哈河) 유역의 구릉지대에 위치하는데, 샤오허시, 유수산·서량 유적, 바이인창한(백음장한白音長汗) 유적만 발굴·조사되었다.

샤오허시촌의 규모는 약 2만 제곱미터로 반지하로 된 반지혈半地穴식이 주로 발견된다. 건물의 크기는 천차만별이나 대체로 원형이며 15x50제곱미터이지만 90여 제곱미터에 달하는 것도 있다. 주거지 내에 화덕이 있고 2층 단으로 되어 기둥이 설치된 흔적도 발견되며 문지門址가 없는 것으로 보아 출입구는 지붕에 있었던 것으로 추측된다. 어떤 집 터에는 개나 사람을 묻은 흔적도 발견된다. 신저우(신주新州) 박물관 명예관장인 샤오궈텐卲國田은 집안에 무덤이 있는 것을 제사 활동의 일환으로 추정했다. 이러한 방식은 이어지는 싱룽와문화에서도 발견된다.

수렵으로 생활했으며 뼈로 만든 칼 등도 발견되어 돌과 뼈를 주요 도구로 사용했다는 사실도 알 수 있다. 샤오허시에서 발견된 많지 않은 유물 대부분은 타제석기로, 개중에는 마제석기도 발견된다. 샤오허시 유적의 특징 중 하나는 무문無紋과 유문有紋의 무저통형기無底筒形器(밑 없는 토기)가 발견된다는 것인데, 무문이 다수로 낮은 소성 온도에서 원시적인 수준으로 제작되었다.

이곳에서는 동북 지역에서 가장 이른 시기에 도소인면상陶塑人面像(흙으로 만든 얼굴상)이 발견되었다. 이 인면상은 손바닥보

샤오허시 유적에서 발견된 도소인면상은
중국에서 가장 오래된 토기 유물이다.

다 다소 크고 두께는 5센티미터 정도인데 고대인들이 제사나 종교적인 의례에 사용했을 것으로 추정한다. 한편 샤오허시문화에서는 빗살무늬토기가 발견되지 않는다. [22]

바이인창한 유적 부근 산봉우리에서 발견된 옥기는 초기 홍산문화 적석총군##의 매장품이다. 적성총은 7개의 고분이 산등성이를 따라 불규칙하게 배열되어 있는데, 그중에서 가장 규모가 큰 것의 직경은 6~7미터로 상부는 적석으로 이루어졌고 하부에는 웅덩이가 있다. 이들 묘지는 일반 주민의 묘지가 아니라 특정 상층계급의 묘지다.

그중 M5묘지는 돌로 원형을 쌓은 모습인데, 이는 지위가 가장 높은 조상 신령을 숭배하는 홍산인의 형식으로 추정한다. 이것이 후기 홍산문화로 가면 산 위에 돌무덤을 쌓은 후 무덤 위에 단壇을 설치하고 제사를 지내면서 신주神主를 숭배하는 형식으로 변한다. 또한 묘지 앞에서 토기 신주와 석제 조각 신주가 발견되는 것을 보면, 묘지 앞에서 신주를 모시는 예의禮儀가 있었다고 생각할 수 있다. 그 시기는 8,000년 전으로 추정된다.

싱룽와문화(기원전 6200~5500년)

1982년 츠펑시 아오한기 바오궈투향(보국토향宝國吐鄕) 인근의 싱룽와촌 동남쪽으로 1.3킬로미터 지점에서 발견된 싱룽와문화는 샤오허시문화의 후속으로, 기원전 6200년까지 올라가는 신석기문화 유적이다. 특히 세계 최초의 옥결玉玦인 결상이식이 발견되었는데 옥결은 대부분 집 터 무덤에서 발견된다. 옥결의 외경은 3센티미터 내외이며 두께는 0.5센티미터 정도고 색깔은 황록색이다.

총 6만 제곱미터에 달하는 이곳 마을은 중국에서 가장 넓고 보존이 잘된 신석기시대 대규모 취락으로, 주변을 파서 물길을 두른 해자埃字도 발견된다. 해자는 일반적으로 적이나 위험한 동물에게서 주거지를 보호하기 위해서 만들었을 것이라 추정한다. 총 1,000여 개의 반지하실 집 터와 불을 지폈던 자리인 회갱灰坑이 30여 곳에서 발견되었는데 집 터가 마치 도시계획으로 조성된 주택단지의 형태를 갖고 있다. 집 터의 규모는 보통 60제

톺아보기

고대의 옥 제작

금속제 공구가 전혀 없었던 신석기시대에 옥을 뚫는다는 것
은 간단한 작업이 아니다. 대만의 옥기 전문가인 장경국은 홍
산 옥기의 주요 모티브의 하나인 옥룡의 구멍을 뚫는 작업을,
고대인들이 했을 것으로 추정되는 방법으로 재현했다. 그는
1.7센티미터 두께의 옥에 모래를 뿌려가면서 대나무(외경 9.6
밀리미터, 내경 5.4밀리미터)를 돌려서 구멍을 뚫는데, 작업 시
간만 31시간이 걸린다고 밝혔다.[23]

싱룽와문화 유지에서 출토된 옥석 장식물. 이곳에서는 세계 최초로 결상이
식이 발견되었다.

곱미터(약 18평)인데, 가장 큰 두 곳은 140제곱미터(약 42평)나 되
며 작은 것은 10제곱미터(3평) 정도다.

각 방의 모습을 보면 취사 용구뿐 아니라 생산도구, 심지어
식품 저장용 움막까지 지니고 있었다는 것을 알 수 있다. 이는
각 가정이 경제적으로 독립적이었다는 것을 뜻한다.

마을은 10개 정도의 열列을 지어 일정하게 구획되었다. 중
국학자들은 큰 집 터 두 곳에는 영도자가 살았거나, 회의 혹은
원시 종교의식을 행했던 것으로 추측하고 있으며, 다해서 약
300명 정도의 주민이 살았을 것이라 짐작한다.

학자들은 같은 열에 사는 가정끼리 밀접한 관계를 맺었다
는 점에 주목한다. 이는 1개 마을의 최소 단위인 가정, 같은 열
에 사는 혈연관계로 맺어진 가까운 친척, 마을 안에서 함께 산
먼 친척까지 하나의 씨족 마을을 이루었음을 말해준다.[24] 싱룽
와인은 돌 호미를 사용해 경작 생산을 하는 동시에 돌공이 등을
이용해 곡물을 가공했다. 물론 사냥과 채집도 병행했다. 중국은
이곳을 '중화원고제일촌中華遠古第一村' 또는 '화하제일촌華夏第一村'
이라 부른다.

싱룽와문화에서는 빗살무늬토기와 세석기가 발견된다. 이
곳의 빗살무늬토기는 황허 지역과 전혀 다른 것으로 '평저통형
平底筒形'토기와 '지자문之字紋'토기가 대표적인 유물이다. 이를 놓

싱룽와문화(왼쪽)와 함경북도 서포항 유적(오른쪽)에서 나온 빗살무늬 통형관. 형태와 아가리 모양이 비슷하다.

고 다롄(대련大連)대학 중국동북사연구센터 교수인 쉐즈창薛志强은 다음과 같이 설명한다.

"싱룽와문화의 특징은 평저통형토기와 지자문토기다. 평저통형토기는 그 분포 지역이 아주 넓어 동북 삼성과 네이멍구 동남부 외에도, 오늘날 러시아 경내의 헤이룽강(흑룡강黑龍江) 하류 지역과 한반도의 동북부와 서북부 일부에서 모두 발견된다. 또 멀리 서방 즉 예니세이강 중류에서도 이들 토기가 발굴되는데 싱룽와문화와 놀라울 만큼 비슷해 이들이 모두 동방의 전통문화에서 기원했음을 알 수 있다."

　지린(길림吉林)대학 변방고고연구센터의 펑은쉐馮恩學는 요서 일대는 물론 러시아 헤이룽강 중·하류 지역, 한반도 지역까지 이들 토기가 널리 분포하는 것을 기반으로, 이 일대를 '평저통형토기문화권'이라고 부른다. 빗살무늬토기는 한반도 전역에서 발견되는데 평저통형토기는 한반도 동북부에서만 발견된다. 이를 두고 동북 만주 일대에서 백두대간의 동쪽을 타고 내려왔다고 설명하기도 한다.[25]

　싱룽와에서 발견된 100여 점의 옥은 츠펑시에서 동쪽으로 450킬로미터나 떨어져 있는 압록강에 인접한 랴오닝성 슈옌(수암岫岩)에서 출토되는 '슈옌옥'이다(압록강 단둥〔단동丹東〕에서 1~2시간 거리). 네이멍구 지역에서 발견된 옥이 랴오둥(요동遼東) 지방의 슈옌옥이라는 것은 상당히 중요한 의미를 내포하고 있다. 그동안 중국에서는, 신석기문화 간에는 상호 교류가 없다가 기원전 4000~3000년경에 비로소 홍산문화 지역과 양사오(앙소仰韶)문화 지역이 서로 교류하기 시작했다고 설명했다. 반면 싱룽와문화시대인 기원전 6000년경에 이미 만주 벌판 서쪽과 동쪽이 교류하고 있었다는 사실은, 랴오허 일대의 싱룽와문화를 주도한 세력이 랴오둥 지역의 신석기인들과 동일한 문화를 갖고 있었다는 것을 보여준다.

　슈옌은 고인돌이 많이 발견되는 곳으로도 유명하다. 슈옌현 싱룽향(흥륭향興隆鄉) 쉐자바오쯔촌(설가보자촌薛家堡子村), 바이자바오쯔촌(백가보자촌白家堡子村), 탕자바오쯔촌(당가보자촌唐家堡子村), 가오자바오쯔촌(고가보자촌高家堡子村), 훙시촌(홍석촌紅石村), 황디촌(황지촌荒地村) 등에서 주로 대형 북방식 고인돌이 발견된다.[26] 이는 홍산 지역과 후에 고인돌문화로 특징지어지는 만주 지역과 끈끈한 연계가 있었다는 것을 의미한다.

　싱룽와문화의 상당수 집 터 무덤에서는 돼지가 발견되는데 이들은 제사를 위한 제물로 추정한다. 또한 돼지의 골격으로 보아 야생성이 보이기는 하지만 주거지에서 돼지 뼈가 많이 출토되고 일정한 우리 영역이 있는 것으로 볼 때, 당시에 이미 돼지를 사육했을 것으로 추정하기도 한다.[27]

　싱룽와문화는 현재는 발굴이 끝나 유적을 덮어놓았으므로 풀밭과 옥수수 밭으로 변해 있지만, 3개의 표지석이 이 유적의 중요성을 알려준다. 중국 고고학상 100대 발굴 중 하나로 거론되며 전국중점보호단위(한국의 사적 개념)로 지정되었다.

　근래 발견된 웨이자워푸(위가와포魏家窩鋪) 주거지도 싱룽와문화에 속한다. 유적지 자체로만 보면 싱룽와 유적보다 더 비중 있게 다루어진다. 웨이자워푸 유적지는 홍산 남쪽 즉 츠펑 시내

싱룽와문화의 집 터 무덤에서 발견되는 인저人猪합장묘. 사람과 돼지를 함께 순장하던 고대의
장례 풍습을 확인할 수 있다.

남쪽에서 2010년에 발견되었다. 이곳은 남북 315미터, 동서
295미터, 총면적은 9만 3,000제곱미터나 되는 큰 면적에 53개
의 방 유적지와 해자가 발견되었다. 방 유적지는 반지혈식이다.
중국에서는 이들 유적의 중요성을 감안해 유적지 전시관, 진열
전시관, 고고考古 체험, 유적지 모형의 전시를 계획하는 등 다양
한 방법으로 역사 교육의 장을 만들고 있다.

    2012년 7월 싱룽쥐(흥룽구興隆溝) 유지 제2지점에서 발견된
도소남신상陶塑男神像은 중국의 홍산문화를 보다 향상시킨 유적으

도소남신상이 발견되자 홍산문화
의 소조여신상과 쌍벽을 이루는
것이라 여겨, 중국은 여기에 '중
화조신'이라는 이름을 붙였다.

로 설명된다. 도소남신상은 8,000년 전의 선홍산문화보다는 약 3,000년 뒤인 5,300여 년 전의 유적이다. 싱룽쥐 유지 제2지점의 면적은 4만 제곱미터로 방이 140여 곳이나 된다. 도소남신상은 100제곱미터에 달하는 반지하식 방에서 65개의 파편으로 발견되었다.

중국에서 도소남신상에 큰 의미를 부여하는 것은 뉴허량 홍산문화에서 발견된 소조여신상과 쌍벽을 이루는 것으로 생각하기 때문이다. 중국은 도소남신상이 발견되자마자 도소남신상을 중국의 조상신이라는 의미로 '중화조신中華祖神'이라고 명명했다. 그리고 도소남신상이 발견된 지 1달 만에 유적 보호를 위한 박물관을 건설했다. 도소남신상은 현재 아오한기 박물관에서 전시하고 있다.

한국 고인돌의 특징

한국의 고인돌은 다른 나라의 고인돌과 차별되는 몇 가지 특징이 있는데, 그 가운데 하나가 사람 뼈와 함께 부장품이 출토된다는 사실이다. 부장품으로는 여러 가지 토기와 화살촉 같은 석기들뿐만 아니라 비파형청동검, 한국형동검, 옥, 석검 등도 발견된다. 둘째는 고인돌의 크기가 타의 추종을 불허한다는 점이다.[28]

또한 한국의 고인돌은 무리 중에서 유달리 큰 고인돌이 하나씩 있다는 점도 특징이다. 이는 한국 고인돌이 세계적인 주목을 받는 이유이기도 하다. 한국의 고인돌은 1~2기가 독립적으로 발굴되는 경우도 있으나, 대부분 10여 기를 중심으로 한 지역에 100~200기씩 무리를 지어 있는 채로 발견된다. 유달리 큰 고인돌은 촌락 공동체의 우두머리가 있었음을 보여주는 증거로 해석된다.

역사학적으로 볼 때 청동기시대로 들어서야 비로소 한 민족이 국가라는 틀을 구성할 수 있었을 것이라고 인정한다. 그런데 고인돌은 비록 유물이 발견되지 않았다 하더라도 고인돌 자체만을 가지고도 청동기시대에 축조되었다고 인정을 받을 수 있다. 즉, 고인돌의 축조 시기와 국가 성립 사이에 개연성이 있다는 것이다. 중국 랴오닝성 소재 고인돌은 기원전 20세기에서 15세기에 축조되었다고 측정하는데 홍산문화권으로 인식되는 한반도로 들어오면 고인돌의 축조 연대는 상상할 수 없을 정도로 빨라진다. 북한은 평양 일대의 고인돌 무덤을 침촌형沈村形, 오덕형五德型, 묵방형墨房型 등 세 가지 유형으로 나누는데 이 중에서 침촌형은 그 연대가 무려 기원전 4000년 후반에 해당한다. 이는 세계적으로 알려져 있는 영국의 스톤헨지나 프랑스의 카르나크 열석과 비슷한 시기다.[29]

고인돌이 한국 고대사에서 큰 비중을 차지하는 이유 중 하나는 중국 동북 지역의 고인돌 분포가 비파형동검 분포권과 유사하다는 점이다. 물론 홍산 지역은 고인돌과 비파형동검의 출토지에 약간의 차이가 있다. 랴오허 유역의 랴오둥 지역에서는 고인돌과 비파형동검이 발견되었지만, 랴오시 지역에서는 비파형동검은 발견되나 고인돌은 발견되지 않았다.
이런 현상은, 큰 틀에서 동이족이라는 사실은 같지만 서로 다
른 풍습을 갖고 있었는데 시대가 지나면서 서로 융합되었기
때문으로 추정한다.

차하이문화(기원전 5600년~4000년)

차하이(사해查海)문화는 1982년 랴오닝성 서부 이우뤼산 동쪽의 푸신(부신阜新) 멍구쭈자치현 차하이촌에서 서남으로 2.5킬로미터 떨어진 곳에서 발견되었다. 서쪽은 다링강과 이어지고 동쪽은 랴오허 하류로 이어져 보하이만으로 연결된다. 8,000년 전 이들 지역은 온습도가 적절해 현재보다 기온이 약 3~5도 높았으므로, 산림이 우거지고 인근에 물이 풍부해 원시 농경 단계로 들어가는 데 적절한 기후였다.

발굴은 1987년부터 착수했으며 발굴 면적은 약 1만 제곱미터다. 이곳에서는 건물 터 55곳, 묘지 15곳이 발견되었다. 차하이 유적에서 출토된 석기는 2,400여 점으로 주로 '찍개'였고 세석기도 240여 점 발견되었다. 빗살무늬토기, 돼지 뼈, 탄화된 은행나무 열매 등과 함께 44점이나 되는 옥이 출토되었는데 이중 옥결이 7점이다. 큰 무덤의 크기는 길이 2미터, 폭 0.65미터, 높이 0.65미터이고 작은 묘는 길이 1.2미터, 폭 0.5미터, 깊이 0.45미터다. 옥은 작은 묘에서 나왔다. 이곳에서 발견된 옥은 싱룽와문화의 '세계최고옥世界最古玉'이 발견되기 전까지 가장 오래된 옥(세계제일옥世界第一玉)으로 알려졌다. 싱룽와와 차하이문화 시기에 중원에는 옥이 발견되지 않는다.[30]

이곳에서는 돌로 쌓아 만든 석소룡石塑龍과 2점의 용문도편

차하이 유적 출토 옥결.

龍紋陶片도 발견되었다. 석소룡은 현재까지 발견된 용 형상물 가
운데 가장 연대가 높고 규모가 크다. 석소룡의 길이는 19.7미터,

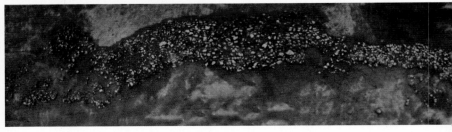

차하이 유적의 석소룡은 기원전 5600년경의 것으로 '중화제일용'이라는 이름으로 부른다(위). 발견 당시 석소룡의 모습(아래).

폭은 1~2미터다. 이들은 이것을 '중화제일용中華第一龍'이라 부른다. 이것은 박물관 야외에 전시되어 있다.

이 용 형상은 마을의 중심부에서 발견된 것으로, 60여 기의 주거지에 둘러싸여 있고 용 머리 앞에 10여 개의 무덤이 있다. 용의 방향은 크게 주거지의 건축 방향과 일치한다. 용문도편은 빗살무늬토기의 조각이다. 이 조각의 하나에는 감아 도는 용의

몸뚱이가 그려져 있고 다른 하나에는 위로 오르는 용의 꼬리가
그려져 있다. 용 몸뚱이 표면에는 벌집처럼 무늬를 그려놓았는
데 마치 용의 비늘과 유사하다. 이들 유물을 토대로 중국은 차하
이문화에 용 숭배 사상이 깃들어 있으며 이는 제사와 관계가 있
다고 설명한다. 또한 지배자층이 있는 계급 구조와 전문 직업인
들이 존재했다고 단정했다. 중국의 고고학자 쑤빙치는 차하이
유적지를 "옥룡의 고향, 문명의 발상지"라고 명명했고 중국은
이를 공식 명문화했다.[31] 차하이 박물관 안내판의 '중화제일용'
에 대한 설명은 다음과 같다.

"차하이는 농업 생산 위주의 씨족 부락으로 용은 원시종교
와 원시문화의 산물이다. 차하이인들은 용 신앙을 구체적으로

실현시킨 사람들이다. 차하이 용은 중국 최초의 용으로 용은 농경문화에서 숭배의 대상이었다."[32]

차하이 유적지로 들어가는 입구에 '중화제1촌'을 상징하는 여신상이 있다. 두 손을 높이 모아 결상이식을 들고 있는데 여신 바로 옆에 빗살무늬토기가 있다. 그리고 여신의 허리 아래부터 허벅지까지 용이 휘감고 있다. 이 여신상은 차하이 유적에서 발견된 용, 옥, 빗살무늬토기를 상징한다. 그동안 부단히 야만인의 문화라고 비하하던 곳을, 중국이 '중화제1촌'이라고 선전하는 현장을 보면 남다른 감회를 느낄 것이다.

푸허문화(기원전 5200~5000년)

푸허문화는 선홍산문화를 잇는 협의의 홍산문화로 분류한다. 1962년 시라무룬강 유역인 네이멍구자치구 바린쭤기(파림좌기巴林左旗) 푸허거우먼(부하구문富河溝門)에서 발견되었다. 푸허구문 유적지는 남북 200미터, 동서 300미터의 대규모 취락지로 150여 곳에서 반지하식 주거 유적이 나왔다. 지자문토기, 무저통형기 등 여러 모양의 토기들이 발견되었으며, 여러 유물들은 푸허 지역에서 원시 농경이 진행되고 있었음을 알려준다. 주거지는 단단하게 다져졌으며 커다란 모닥불의 흔적도 있다. 중앙에는 방형의 화덕이 있는데 토갱을 판 다음 사방을 석판으로 막은 형태다. 이곳에서 발견된 유물은 주로 석기로 무려 2,700여 점이나 된다.

푸허문화가 특히 큰 주목을 받은 것은 연대가 오래된 복골卜骨이 발견되었기 때문이다. 이곳에서 발견된 복골에서는 불로 지진 흔적만 보이는데, 이 복골은 중국이 갑골문화의 원조로 보고 있던 허베이·허난(하남河南)·산둥반도의 룽산(용산龍山)문화보다 훨씬 빠르다. 이들 복골은 상商대의 골복骨卜(갑골점), 갑골문자로 이어진다고 여겨, 중국에서 매우 중요하게 평가받고 있다. 갑골점은 상나라 중기부터 말기까지 유행하면서 글자가 있는 갑골(유자갑골有字甲骨)이 나타났다. 그 이전에는 모두 글자 없는 갑골(무자갑골無字甲骨)이었다.[33]

자오바오거우문화(기원전 5350~4420년)

자오바오거우문화는 츠펑시 아오한기 가오자워푸향(고가와포향高家窩鋪鄉) 자오바오거우촌에서 1986년 발견된 기원전 5000년경의 문화다. 자오바오거우 유지의 총 면적은 9만 제곱미터로 불에 탄 집 터 흔적인 회갱灰坑 140여 개가 발견되었다.

가오자워푸향에서 발견된 주거지는 기능과 등급 면에서 서로 다른 유형으로 나뉜다. 33제곱미터에 달하는 주거지에서

동이족과 복골

동물의 견갑골肩胛骨(어깨뼈)에 구멍을 뚫고 불에 구워 점을 치는 골복은 동이족의 전유물이다. 복골은 기원전 5200년 전의 푸허문화에서 처음 발견되었고, 샤자뎬 상층문화에서 중원으로 내려간 상(은)나라에서 골복이 유행했다. 은나라가 주나라에 패배하면서 골복의 전통은 사라지지만, 동이족의 전통이 강한 부여나 한반도 동남해안 일대에서 많이 발견된다. 이는 동이족의 동북 지역과 한반도가 동일문화권이라는 것을 알려준다. 복골 전통이 주로 북방 아시아에서 기원한다는 것을 고대사 연구가 김정학은 다음과 같이 설명했다.

"복골은 북중국과 만주 지방에서 많이 발견되는데 이들 지방은 신석기시대 이래로 수렵·방목을 주 생업으로 한 북방 아시아족이 살고 있었다. 동물의 뼈, 특히 견갑골에 금을

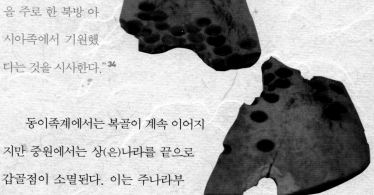

내 점복ト하는 습속
은 이들 수렵·유목
을 주로 한 북방 아
시아족에서 기원했
다는 것을 시사한다."[34]

상나라 시대에 소 견갑골로 만든 복골.

동이족계에서는 복골이 계속 이어지
지만 중원에서는 상(은)나라를 끝으로
갑골점이 소멸된다. 이는 주나라부
터 『주역』을 근간으로 하는 서
법筮法으로 바뀌기 때문이다. 동
이족 지역에서는 복골의 전통이
상당히 오랫동안 지속되는데 『삼국지』 「위지동이전魏志東夷
傳」이 작성되는 3세기까지도 지속되었다는 것을 알 수 있다.
이것은 홍산문화에서 복골이 태어난 이래 동이의 문화권에서
만 복골이 사용되었다는 것을 뜻한다.[35]

자오바오거우 유적에서
출토된 '중화제일봉'.

는 조수문鳥獸文과 사람의 머리를 새긴 부형석기斧形石器 등 특수한
장식이 발견되었다. 이 주거지는 촌락에서 높은 지위를 차지한
우두머리의 거주지 혹은 씨족 성원들의 활동처 같은 장소로 추
정한다. 특히 이들 중 계단식 주거지는 면적이 무려 100제곱미
터다. 이곳은 출토 유물도 많고 복잡해 씨족의 공공장소였을 것
으로 추정한다. 자오바오거우문화 시기에 씨족 내부에 비교적
엄격한 사회 조직이 형성되어 있음을 알 수 있다.**36**

　　세계 최초의 봉황 모양 토기인 '중화제일봉中華第一鳳'이 출
토되었고 동물 문양의 채도가 발견되었으며 동이족의 간판이라
고 볼 수 있는 지자문토기, 세석기 등 랴오허 유역의 동이 지역
에서 보이는 일반적인 특징들이 모두 발견된다.

　　중화제일봉은 길이 17.6센티미터, 폭 9.6센티미터, 높이
8.8센티미터 정도의 크기로 이 토기를 중화제일봉으로 명명한

것은 자오바오거우문화의 특징적인 토기인 존형기尊形器 등에서
도 같은 유형이 보이기 때문이다. 자오바오거우문화에서 발견
된 그림이 그려진 채도는 황허 유역의 양사오문화에서도 발견
된다. 이곳 유물들이 발견되기 전까지는 양사오문화가 랴오허
지역에 영향을 주었다는 것이 정설이었는데, 자오바오거우문화
가 발견된 후로는 홍산문화가 중원의 양사오문화에 영향을 미
쳤다고 설명된다.

　　자오바오거우문화 샤오산(소산小山) 유적지에서 발견된 존
형기에는 사슴, 멧돼지, 새가 매우 정교하게 그려져 있다. 중국
학자들은 이들 그림에 나오는 동물은 자오바오거우인들이 신성
시하던 동물들로 추정한다. 다롄대학의 쉐즈창은 자오바오거우
의 특징을 다음과 같이 설명했다.

　　"자오바오거우문화의 특징은 존형기, 기하문 장식과 신령
도안이다. 존형기 위에 한 폭의 신령 도안이 토기를 한 바퀴 돌
면서 그려져 있는데, 조형이 정교하고 아름다울 뿐만 아니라 상
상력이 풍부하고 그림 수법 또한 뛰어나 세인들은 이어지는 홍
산문화보다 더 높은 최고의 수준이라고 경탄한다." [37]

　　자오바오거우에서는 원시 농업이 이루어졌으며 동물에 대

한 원시 경배 흔적이 보인다. 자오바오거우인들은 다양한 돌로 만든 돌도끼, 돌칼 등 농기구를 사용해 정착 생활 단계로 들어섰으리라 추정한다.[38]

샤오허옌문화(기원전 3000~2000년)

자오바오거우문화에 이어 협의의 홍산문화인 뉴허량의 신비의 왕국을 거쳐, 샤오허옌문화가 뒤따른다. 샤오허옌은 홍산문화 지역에서 석기시대와 청동기시대를 잇는 고리 역할을 하는 동석병용鋼石竝用시대로 매우 중요하다. 샤오허옌의 분포 지역은 매우 넓다. 서쪽으로는 네이멍구 동남부, 동쪽으로는 차오양 일대, 북쪽으로는 시라무룬강, 남쪽으로는 진시(금서錦西) 일대로 홍산문화를 포괄한다.

1974년 처음으로 츠펑시 아오한기 샤오허옌향에서 유물들이 발굴되었을 때는 홍산문화로 분류했는데, 이후 다른 점이 발견되어 이를 샤오허옌문화라고 명명했다. 현재까지 발굴지는 100여 곳에 달하는데 아오한기에 50여 곳이 집중되어 있다. 취락 규모는 대체로 1~2만 제곱미터로 합장 무덤도 발견된다.

우리에게 샤오허옌문화가 중요한 것은 연대 때문이다. 샤오허옌문화의 상한 시대는 기원전 30세기, 하한선은 기원전 20세기 무렵으로, 초기 청동기시대로 인식하는 샤자뎬 하층문화(기원전 2000~1500년)와 이들 동일 지역에서 샤자뎬 상층문화(기원전 1500~700년)가 이어진다. 즉 샤자뎬 하층문화와 샤자뎬 상층문화가 연대적으로 샤오허옌문화의 하한선을 계승했다고 추정한다. 특히 샤자뎬 하층문화 유적에서 샤오허옌문화 유적층을 부순 흔적이 발견되는 것을 볼 때 더욱 그러하다.

샤오허옌문화의 특징은 여러 가지다. 우선 거주지가 단실과 쌍실로 나뉜다. 쌍실은 길고 둥근 형태로 집안 중간에 벽을 쌓아 두 칸으로 나뉘는데, 큰 칸에는 사람이 거주하고 작은 칸은 창고로 활용한 것으로 보인다. 이는 당시에 집안에 창고를 따로 둘 정도로 보관할 작물이 많이 소출되었다는 것을 뜻하므로, 발전된 농경 수준을 보여주는 것이다.

발견되는 그릇은 대부분 모래질의 갈색그릇으로 전체 출토량의 60퍼센트에 달한다. 그릇의 종류는 대형 단지, 채도, 그릇받침, 두, 보식, 대접, 긴목주전자 등이 대표적이다. 그릇 중에는 짐승 모양을 본 뜬 것도 있고 아가리가 2개, 귀가 여러 개 달린 것들도 있다. 다양한 종류의 동물 소조상이 나왔는데 이중에는 곰의 형상으로 추정되는 것도 발견되었다.

특징 두 번째는 질그릇을 포함해 많은 곳에서 부호符號가 발견된다는 점이다. 이들이 어떤 의미를 갖는지는 밝혀지지 않았지만, 한 형태의 부호가 여러 곳에서 보인다는 점은 주목할 만하다. 부호의 반복성과 타 지역과 공유된다는 점은 어떤 형태로든 의사소통을 위한 방편이라 추정한다. 이를 원시상형문자인 도부陶符, 도문陶文 혹은 도부 문자라고 한다. 학자들은 이들을 한자의 기원인 갑골문과 연계시켜 초기 문자의 출현으로 간주한다. 이때부터 원시 문자가 사용되었을 가능성이 매우 높다는 것으로, 상나라의 갑골문을 홍산문화의 후대인 샤자뎬 상층문화인들이 만든 것을 감안할 때 일관성이 있다.[39]

샤자뎬 하층문화와 상층문화(기원전 2000~700년)

초기 청동기시대인 샤자뎬(하가점夏家店) 하층문화는 샤오허옌문화를 계승했을 거라 추정한다. 샤자뎬 하층문화는 연대로 보나 유물로 보나 단군조선과 밀접하게 연결되었을 거라고 학자들은 설명한다.[40] 샤자뎬 하층문화의 분포가 가장 밀집된 차오양 지역에서 발견된 유적지만 해도 1,300여 곳이나 되는데, 이곳에서는 빗살무늬토기, 돌무덤, 비파형동검, 특히 같은 시기 중원에서는 찾아볼 수 없는 '치雉를 가진 석성' 등이 발견되었다.[41] 이 유물들은 그동안 한민족의 조상이 사용하던 것이라고 부단히 거론된 것이다.[42]

이후 동일 지역에서 샤자뎬 상층문화가 탄생한다. 한편 중국인들은 근래 북방 초기 청동기시대를 '초원청동기시대'라고

부르며 유목 민족이 근거했던 기원전 1500년에서 기원전 300년
전의 샤자뎬 상층문화를 '동호東胡 지역의 문화'라고 부른다.[43]

　　홍산문화 유적 답사를 알차게 하기 위해서는 박물관 방문
은 기본이다. 중국은 2018년까지 세계문화유산 등재를 목표로
홍산문화 세 곳을 집중적으로 정비하고 있다. 랴오닝성 차오양
시 '뉴허량 유지군', 네이멍구 츠펑시 '홍산문화 유지군', '네이
멍구 츠펑시 웨이자워푸 홍산문화 주거 유지'가 그곳들이다. 중
국 당국은 이곳들뿐 아니라 각지의 박물관도 정비했는데, 박물
관마다 샤자뎬 하층문화와 상층문화 유적을 비롯해 빗살무늬토
기, 비파형동검은 물론 각종 청동기(동호 유물로도 표시)를 전시하
고 있다.

　　선양시(심양시瀋陽市) 랴오닝성 박물관, 아오한기 박물관, 츠
펑시 츠펑 박물관(2014년 9월에 개관했으며 옛 츠펑 박물관은 츠펑 미술
관으로 변경), 윙뉴터기(옹우특기翁牛特旗) 박물관(2014년 5월 개관), 바
린쭤기 박물관, 바린우기(파림우기巴林右旗) 박물관, 차오양시 젠핑
현 젠핑 박물관(2014년 10월 개관), 차오양시 차오양 박물관 등을
빠뜨리지 말기 바란다.

　　기원전 5000년을 거슬러 올라가는 선양시의 신러(신락新樂)
문화 유적지는 답사자들의 주목을 받을 만하다. 하층문화는
7,200년 전, 중층문화는 5,000년 전, 상층문화는 4,000~3,000년

츠펑 박물관에 샤자뎬문화의 지층별 출토 유물이 모형으로 전시되어 있다(위).
샤자뎬 하층문화 유지를 멀리서 바라본 모습(아래).

전인데 상층문화는 고조선과 연대가 비슷하다. 전형적 모계사
회를 보여주는 신러 유적지 하층下層에서는 동이족의 간판이라
볼 수 있는 빗살무늬토기가 발견되며, 정밀한 마제 갈판磨盤(맷
돌), 마춘磨春(절구), 석부石釜, 석착石鑿(돌끌) 등의 탄화된 곡물, 돼지
와 양의 뼈, 석족石鏃(돌촉), 어망추 등도 발견되었다. 이것은 신러
문화인이 농업, 가축 기르기 등으로 주로 생활했으며, 보조수단
으로 어업과 사냥을 했다는 사실을 말해준다.

　　박물관으로 변한 유적지의 넓이는 5,000여 제곱미터에 달
하며, 이곳에는 크고 작은 집터 10여 곳이 복원 전시되고 있다.
이곳에서는 발견된 목조예술품, 흑요석으로 제작한 공예품, 돌
구슬 등 상당한 기술을 요하는 장식품이 전시되고 있다. 신러 하
층문화의 연대는 6,800(±150)년에서 7,245(±160)년이다. ✹

롭아보기

고구려 성의 특징

고구려는 중국과 한 치의 양보도 없이 혈투를 벌였다. 인구가 적고 자원이 많지 않은 고구려가 자원이 많고 인구가 많은 중국과 혈투를 벌일 수 있었다는 것은 나름대로 중국에 비견할 수 있는 노하우를 갖고 있었다는 것을 의미한다. 고구려의 2대 전략이자 전술은 산성전투와 청야전투다.

고구려는 200개소가 넘는 산성을 요충지에 건설했는데, 산성 축조 방법은 조금 남달랐다. 고구려는 산성에 치성雉城과 마면馬面을 기본으로 세웠다. 성벽을 직선으로 쌓으면 시각이 좁아 사각지대가 생기므로 성벽 바로 밑에서 접근하는 적을 놓칠 수 있고, 공격할 때도 전면에서만 공격이 가능하다. 따라서 성벽에서 적이 접근하는 것을 쉽게 관측하는 등 전투력을 배양시키도록 성벽의 일부를 튀어나오게 만드는 것이 치성(치)이다.

치는 고구려를 비롯해 한민족 특유의 석성 구조로 알려져 있지만 고구려에서 처음 탄생한 것은 아니다. 네이멍구 훙산 지역의 인허강(음하陰河) 상류 싼쭤뎬(삼좌점三座店) 유적은 4,000년 전으로 거슬러올라가는 샤자뎬 하층문화로, 외성과 내성으로 구분된 성벽 중에서 내성 북쪽 성벽의 치는 5미터 간격으로 13개나 발견된다. 이것들은 한민족 치의 초기 형식의 전형을 보여주는 석성으로, 기저석을 쌓고 수평으로 기저를 받친 뒤 '들여쌓기'를 했다는 점에 주목해야 한다. 또 이 치는 횡으로 쌓고 다음 단을 종으로 쌓았는데 이 축조 기법은 고구려 백암성과 백제 계양산성 등의 것과 똑같다. 대각선을 뚫은 문지도 발견되었는데, 이는 은신하면서 드나들 수 있는 출입문이다.

샤자뎬 하층문화인들이 치가 촘촘하게 배치될 정도로 견고한 석성을 쌓았다는 것은 육박전 같은 대규모 전투를 염두에 두었기 때문이다. 샤자뎬 하층문화에서 처음 등장해 고구려를 이어 한민족의 정통적인 석성으로 이어지는 치는, 당나라 때까지도 중원 지역에서는 발견되지 않는다. "

제 2 부

홍산문화란 무엇인가?

제 1 장

중국의 작위적 역사 다시 쓰기

중국은 그동안 황허 유역에서 태어난 선진 문화가 각지로 전파되었다는 황허중심문화를 기본 정설로 견지해왔다. 따라서 문명화된 세계로서 중국의 이상형은 통일된 '하나의 천하대국' 중국이다. 황허의 풍부한 물을 이용해 문명을 이룩해가면서 점차 주변의 야만국들을 흡수했기 때문에 중원은 중국의 중심지라는 견해다.[1] 이는 중국문명이 오늘날 산시성山西省 남부와 허난성 서부인 이른바 중원 지역에서 발전해 주변 지역으로 퍼져나갔다는 이론이다. 이런 화이관華夷觀을 바탕으로, 중국에서 국가의 시작을 대체로 기원전 2000년에서 1500년으로 잡았다.[2]

중국은 공산국가다. 유물사관으로 무장한 공산주의는 과학이라고 할 수 있으려면 반드시 객관적이고 측정 가능한 데이터가 기반이 되어야 한다고 주장한다. 그러므로 삼황오제, 특히 오제시대를 역사시대로 인정하면서도 연대를 올리지 않은 것은 증거 위주의 역사관을 바꾸지 않았기 때문이다.[3] 과거 중국이 세계 4대 문명 중에서 가장 연대가 낮았던 이유다.

그런데 중국은 갑자기 세계 최고最古의 문명이 중국에서 시작되었다며 '중화오천년'으로 역사를 올려 잡고 이를 만방에 공표했다. 하夏나라 이전인 기원전 4000~3500년경 등장했으리라 추정하는 '삼황오제'가, 전설의 인물이 아니라 실재 인물이라는 확실한 증거를 과학적 연구를 통해 찾았다는 것이다. 특히 홍산의 뉴허량 유적에서, 연대가 기원전 3500~3000년경으로 거슬러 올라가는 '신비의 왕국(여왕국)'이라는 고대국가가 존재했다고 발표했다.[4] 기원전 3500년경부터 뉴허량 홍산 지역 즉, 랴오허 지역에 국가가 존재했다는 것이다.[5]

랴오허 지역은 그동안 빗살무늬토기, 적석총, 비파형동검 등이 발견되어 동이東夷의 근거지로 비정比定되던 곳이다. 이런 유물이 나온 지역은 우리 조상들이 거주했던 터전으로 설명되며 특히 단군조선의 무대로 알려진다. 한국에서는 기원전 2333년에 단군조선이 실재했느냐 아니냐로 설전을 벌이고 있을 동안, 중국이 단군조선보다 1,000년 전 이들 지역에 신비의 왕국이 존재했다고 선언했다는 것은 그동안 한국인이 알고 있던 고대사에 파격적인 인식 전환이 필요하다는 것을 시사한다.

빗살무늬토기

1925년 대홍수로 한강 하류의 서울 암사동에서 처음 발견된 '빗살무늬토기'는 이후 60여 곳에서 발견되었다. 빗살무늬토기는 토기의 표면을 머리빗 같은 시문구施紋具로 긋거나 찍어 무늬를 장식한 토기를 말한다. 이 토기는 한국 신석기시대 유물의 주류를 이루므로 이 시대를 '빗살무늬시대'라고도 한다. 빗살무늬토기는 랴오허 하류의 선양시 신러문화와 샤오주샨(소주산小珠山)문화는 물론, 허베이성·산둥반도 등 넓은 지역에서 발견되며 네이멍구 지역과 러시아 연해주에서도 잇달아 발굴된다. 네이멍구 지역 홍산 유적인 싱룽와 유적 최하층에서도 빗살무늬토기가 대거 쏟아졌는데 이것들의 연대는 기원전 6200년경으로 추정된다.

한반도에서는 압록강·대동강·재령강·한강 등 서해안 일대와 두만강 유역과 동해안 그리고 남해안과 남해 도서

빗살무늬토기는 동북아 일대가 동일 문화를 향유했음을 방증하는 중요한 증거다.

島嶼지방 등, 빗살무늬토기가 발견되지 않는 곳이 없을 정도며 이들 토기의 시대 편년編年은 대체로 남과 북이 비슷하다. 특히 랴오허 유역과 한반도의 빗살무늬토기의 태토胎土 성분도 서로 비슷하다. 또한 초기 빗살무늬토기 유적에서 세석기細石器나 타제석기가 마제석기와 함께 출토되고 있는 점도 주목 대상이다.

러시아 연해주의 카마 신석기 유적에서 발견된 토기도 기원전 4000년으로 거슬러 올라가는 한반도의 첨저형尖底型

(바닥이 뾰족한 모양) 빗살무늬토기와 유사하다. 주로 청천강 이남에서만 출토되던 첨저형 빗살무늬토기가 연해주에서도 나왔다는 것은, 한반도를 포함한 동북아 일대가 고대에 동일 문화권을 형성했음을 보여주는 중요한 증거다.[6]

큰 틀에서 랴오허 지역 일대는 홍산문화 이후 샤자뎬 하층문화−고조선문화로 이어지는데 이들 지역의 기본 유물은 빗살무늬토기다. 반면에 중국의 도기는 채도彩陶에서 흑도黑陶, 다시 백도白陶로 전승되어 우리의 토기와는 다른 길을 걷는다.[7] 더불어 농경문화에서 공통적으로 발견되는 석기와도 다르다. 반월형석도半月形石刀는 산둥반도나 황허 하류 등에서 발견되는데 시베리아에서는 발견되지 않는다. 이 점만 보더라도 한반도와 랴오둥반도 · 보하이 연안은 동질성 문화가 분포되어 있는 동이문화권에 속한다.[8]

  중국의 이런 선언은 홍산문화가 황허문명보다 먼저 발생했다는 것을 인정하고, 그동안 중국이 견지하던 '황허중심문명전파론'을 철회했다는 것을 의미한다. 대신 중국은 '통일적다민족국가론'을 모토로 하는 '다중심문화발전론'을 도출했다.⁹

  중국은 그동안 황제만 중국인의 시조로 모시다가 1980년대부터는 염제炎帝를 포함해 염황炎黃이 중국인의 시조라고 선전하기 시작했다. 그리고 정저우시(정주시鄭州市) 황허 망산(망산邙山) 티관잔(제관참提灌站) 황허풍경구에 대단위 염황 석상을 설립했다. 이 석상은 60미터 높이의 스쭈산(시조산始祖山) 정상에 세워졌는데 마오쩌둥이 황허를 바라보던 곳으로도 유명하다. 이 석상은 높이만 106미터로 미국의 '자유의 여신상'보다 8미터, 러시아가 제2차 세계대전의 승리를 기념하기 위해 만든 '조국의 어머니상'보다 2미터가 높다. 코의 길이만 8미터에 달해 위압감을 주기에 충분하지만 콘크리트를 기본 골조로 하고 석재와 콘크리트를 주요 자재로 사용해, 실물을 현장에서 보면 먼 곳에서 보던 것과는 다소 다른 느낌이다.

  이 석상에 염제·황제 두 사람만 포함되고 치우가 제외되었다는 것은 1980년대 이 석상을 건설하기 시작할 때도 치우를 중국의 시조로 간주하지 않았음을 뜻한다. 그러던 이들이 1994년부터 1998년까지 허베이성 쥐루현 판산진의 황제성과 황제천

이 인접한 우바오평원에 귀근원과 중화삼조당을 건립하면서,
황제 · 염제 · 치우를 엮어 화하족華夏族의 삼시조三始祖시대를 선
언했다. 이것은 5,000년 전 신비의 왕국의 존재를 사실로 인정
하고, 기원전 2700년경 황제가 치우가 벌였다는 줘루 전투까지
역사적인 사실로 인정한다는 뜻이다.[10]

　중국의 새로운 역사관은 매우 놀랍다. 과거에는 동이족의
영역에 산둥과 랴오둥 지역이 포함된다고 설명했는데, 이제는
황제의 근거지가 랴오허 지역이므로 홍산문화의 선조로 간주되
던 치우는 랴오허 지역과 직접 관계가 없다고 설명한다. 또한 산
둥 지역의 맹주로 알려진 동이족의 소호김천씨도 황제족의 일
원에 포함되므로 결국 동이의 맹주는 치우가 아니라 황제라는
것이다.

　중국인들의 새로운 논리를 역으로 생각하면, 그동안 동이
족의 유산으로 알려진 모든 랴오허문명의 유적 즉 적석총과 빗
살무늬토기, 비파형동검은 물론 곰 숭배의 원형들이 황제의 역
사로 소속되므로 중국인의 역사 자체가 동이족의 역사로 편입
된다. 이런 주장의 근거가 되는 것이 통일적다민족국가론이다.
통일적다민족국가론은 1951년 중국의 역사학자 바이서우이白壽
彛가 제일 먼저 제기했는데, 1986년 그가 편찬한 『중국통사강
요』에서 보다 정확하게 논리를 전개했다.

　　"중국은 하나의 '통일적다민족국가'다. 중국의 역사는 중화인민공화국 경내境內의 각 민족이 공동으로 창조한 역사이며 일찍이 이 광대한 영토상에 생존·번영했으나 현재 소멸된 민족의 역사도 포함된다."

　　이 논리에 따르면 현 중국 경내에 그 영토가 있었다가 소멸된 민족인 고조선·부여·고구려·발해의 역사가 중국사에 포함된다. 이 주장에 의하면 몽골을 세운 칭기즈칸도 중국인이 된다. 마찬가지로 중국의 역사학자인 젠보짠翦伯贊도 중국은 예부터 지금까지 하나의 다민족국가였다고 선언했다.

　　"한족 이외에도 많은 민족이 있었다. 1개 민족으로서 그들은 모두 각기 하나의 민족을 이루고 있다. 단 다민족국가의 성원으로서 그들은 모두 중국인이다. 이 때문에 중국 역사를 쓸 때 한족 인민의 역사와 중국 기타 민족 인민의 역사를 서로 분리하지 않도록 주의해야 한다."

　　젠보짠은 이를 위해 한족 이외의 각 민족을 외국인으로 대우하지 않아야 하며, 오늘의 중국영토 내에서 생존하고 활동한 고대 민족이 중원 왕조中原王朝와 어떤 관계를 갖고 있었는지를 논

하지 않고, 그들을 마땅히 모두 중국인으로 승인해야 한다고 주장했다.[11]

중국의 갑작스러운 역사관 변화에 대해 중국의 모두가 승복하는 것은 아니다. 쑨줴민孫祚民은 중국의 놀라운 발상 전환이 역사적 발전 사실의 과학적 원리를 위반하고 간단한 소급 방식으로 역사 문제를 처리해, 중국의 통일적다민족국가 형성 과정과 중국이 가지고 있는 하나의 역사 발전 과정을 부정한다고 지적했다. 특히 역사상의 '과거'와 현재의 '오늘'이 완전히 다른 관념을 가지고 있음에도 불구하고, 오늘만의 표준을 사용해 역사상 다른 시기의 강역疆域과 민족을 처리함으로서 중국 강역 범위의 변천과 민족 간의 분리, 통일과 융합의 변화를 부정했다고 주장했다. 또한 역사 발전의 순서를 전도해 몇 천 년 간격의 국가와 민족 사이를 억지로 묶어 그들이 확정한 오늘의 테두리 안에 삽입했다고 비판했다. 오늘날 중국이 통일적다민족국가라는 개념을 현 중화인민공화국 국토 범위의 테두리를 사용해 사전에 결론을 확정을 지어놓은 것은 과학성을 위반하는 것일 뿐 아니라, 최소한의 논리적 추리도 위반하고 있다는 것이다.[12] 반면 중국학자 쑨진지孫進己는 현재의 강역으로 역사상의 중국 범위를 확정하려는 것에 대해 다음과 같이 주장했다.

"오늘 우리나라에 속한 것인지 아닌지에 의거해 역사상 어떤 강역은 우리나라에 속하고 어떤 민족은 국내이며, 오늘 우리나라의 것이 아닌 것은 역사상에서도 우리나라의 것이 아님을 확정해야 한다."

이런 중국 측의 설명에 한국 측의 역습도 예사롭지 않다. 중국에서 개발한 접근 논리나 의도가 작위적이며 말끔하지 않다는 것이다.

① 중국 또는 중화민족의 정체성이나 개념·범주는 역사적으로 확고한 정형성을 띠지 못하고 끊임없이 변화해 왔는데 중국은 그들만의 영토관·민족관·국가관·역사관인 '통일적다민족국가론'을 기계적으로 적용해 현재의 영토를 기준으로 삼았다. 이것은 현재 중화인민공화국의 영토 내에 존재했거나 존재하고 있는 민족이나 역사를 빼앗아가는 것이다.

② 중국 정부는 중국 내 소수민족과 주변 국가 민족 사이의 역사적·혈통적·문화적·의식적 연관성이나 주변 민족국가의 역사 체계·정서 등을 전혀 고려하지 않고, 현

재 중국 영토 내에 있는 민족과 그들의 역사를 일방적으로 자국의 민족과 역사라고 주장한다.[13]

명지대학교 석좌교수인 김한규는 중국의 이런 주장에 대해 다음과 같이 평했다.

"중국의 범주를 과거 수천 년 전까지 소급시킬 수 있다는 논의는 오직 현대 중국 사학계에서만 이루어지고 있는 매우 특수한 현상이다."[14]

중국의 통일적다민족국가의 논리에 가장 큰 영향을 받는 것은 한민족이다. 홍산문화 유적과 유물을 통해 한민족의 고대사가 풍부해지기는 했지만, 이런 사실이 중국으로 하여금 한민족의 근원인 동이족조차 중국인으로 설정하게 하는 결정적인 계기가 되었기 때문이다. 고대사 연구자인 정형진은 홍산문화와 황제족이 직접적인 관련이 없다는 점을 아래와 같이 지적했다.

"첫째 후기 홍산문화(기원전 3500~3000년)는 그곳의 선주민과 바이칼 지역에서 이주해온 퉁구스족, 황허 중류 지역에서 이동해온 소수의 양사오문화인이 참여해서 만든 문화다. 따라서 황제족과는 직접적인 관련이 없다. 둘째 홍산문화 지역에서 보이는 곰 숭배 습속은 황제족이 아닌 퉁구스족이 가지고 온 고아시아족Paleo Asiatic의 것이다. 황제족 소수가 홍산문화 지역으로 이동했을 가능성이 전혀 없는 것은 아니지만 그 수는 미미할 것이다. 따라서 황제족이 유웅씨라고 불리더라도 홍산문화의 곰 숭배 습속과는 직접적 관련이 없다. 셋째 중국의 문화사를 보면 황제족은 '용'을 매우 중시했다. 황제시대는 들에서 용이 싸우는 시대였다고 할 정도로 황제는 곰보다는 용과 관련이 많다."[15] ✿

제2장

치우와 중국의 동북공정

중국 옌벤(연변延邊)대学의 송호상宋好尙 교수는 홍산문화와 동이
족의 연계에 관해 다음과 같이 적었다.

"6,000여 년 전 네이멍구자치주 츠펑시 홍산문화가 샤자
덴 하층문화와 상층문화까지 계속 발전했다. 이 문화가 동이족
토착민의 문화로서 동방고대문화의 발상지이며 세계 문명의 창
시 문화라고 학자들이 공인했다."

이 내용만 보면 동이족에 매우 긍정적인 설명을 한 것으로
볼 수 있는데 이 내용은 중국이 '동북변강역사여현상계열연구
공정東北邊疆歷史與現狀系列研究工程'(줄여서 동북공정)을 추진하면서, 중국
의 문명이 랴오허문명에서 시작되었다고 결론지으며 도출한 것

이다.

그런데 중국인들이 선조로 인식하던 황제 · 염제가 아니라 악한惡漢으로 비하하던 치우가 동이족의 수장이라는 것이 그들의 발목을 잡았다. 즉 그동안 중국인이 아니라고 강조하던 랴오허문명의 동이족을 인정해야 함은 물론, 치우의 선조가 중국에서 가장 독보적인 가문이 되는 모순점마저 생긴다. 이를 크게 확대한다면 황허문명이 랴오허문명의 지류나 방계 문명으로 전락하는 것이다.

이런 모순점을 해결하기 위해서 중국은 과거의 역사관을 포기하고 다민족 역사관을 내세웠다. 이는 중국이 세계의 중심이라는 중화사상에서 유래한 중국문명의 이미지에 변화를 가져왔음을 뜻한다. 이 변화는 현재 한국과 마찰을 빚고 있는 소위 동북공정과 '서북 · 서남공정'의 실체로, 간단히 말해 현재 중국의 영토 내에서 일어난 역사는 모두 중국의 역사라는 것이다.[16]

중국은 이러한 목적으로 그동안 중국인이 아니라고 강조한 동이, 서융, 남만, 북적 등을 모두 중화민족에 포함시키는 논리를 개발했다. 중국의 전통적인 화이관은 ①중원을 중심으로 한 화하족, ②산둥반도와 보하이만, 창장강 하류까지 동이족이 거주한 동해안, ③창장강(양쯔강) 유역의 묘苗족 · 만蠻족, ④서쪽의 서융西戎, ⑤북쪽의 북적北狄으로 나누었다. 또 황제의 세력권은

베이징 부근이며, 고양씨高陽氏 전욱顓頊은 황허 중류의 위쪽, 고
신씨高辛氏 제곡帝嚳은 황허 중류의 아래쪽을 세력권으로 보았다.

　　이를 구체적으로 설명하는 것이 간단한 일은 아니지만, 일
반적으로 화하족은 산시성陝西省 황토고원을 발상지로 황허 양쪽
해안을 따라 위하渭河 유역과 간쑤성甘肅省, 산시성山西省, 허난성 일
부를 포괄한다. 황제가 화하족의 대표적 인물이다.

　　동이족으로 분류되는 치우의 영역은, 북쪽으로는 치라오
(칠로七老)산맥, 서쪽은 타이항(태행太行)산맥으로 화하족과 경계를
이루고, 남쪽으로는 톈무(천목天目)산맥으로 경계를 이루는데 산
둥반도를 중심으로 한 중국 동해안 일대, 만주일원滿洲一圓, 보하
이만, 한반도 북부에 걸쳐 동이문화권을 형성했다. 적어도 보하
이만을 끼고 도는 중국 동북 지방, 즉 지금의 산둥성, 랴오닝성
지방은 동이문화권이라 볼 수 있다. 또한 염제의 묘만족苗蠻族 영
역은 창장장 중류의 양쪽 해안으로 후베이성(호북성湖北省), 강서
성江西省을 포함하며 동, 남, 서쪽은 산맥으로 경계를 이룬다.

　　중국 고서古書상의 전설에 의하면, 반고盤固가 개천벽지한 후
에 소위 '삼황'이 있고, 그 후에 '오제'가 나타났다고 한다. 삼황
은 천황天皇 · 지황地皇 · 인황人皇(또는 泰皇)을 가리키지만, 문헌에
따라서는 복희伏羲 · 염제신농炎帝神農 · 황제헌원黃帝軒轅을 들기도
한다. 일반적으로 수인燧人 · 축융祝融 · 여와女媧 등을 꼽는 경우도

있다. 현대 사학자들은 삼황으로 유소有巢 · 수인燧人 · 신농神農을 꼽는다. 한편 사가에 따라서는 삼황을 인정하지 않고 오제만 역사상 인물로 인정하는 사람도 있다. 사마천도 『사기史記』에서 「오제본기五帝本紀」부터 시작했다. 사마천이 오제로 거론한 것은 황제헌원黃帝軒轅 · 전욱고양顓頊高陽 · 제곡고신帝嚳高辛 · 제요방훈帝堯放勳:陶唐氏 · 제순중화帝舜重華로, 자료에 따라 복희 · 염제신농은 물론 소호김천씨小昊金天氏 등이 포함되기도 한다.

삼황오제 중 복희, 염제신농, 치우 등이 동이족으로 알려져 있다. 복희는 간쑤성 톈수이시(천수시天水市)에 이주한 중국 삼황三皇의 우두머리로, 성은 풍風이고 팔괘를 처음 그렸다고 알려진다.[17] 의약과 농경문화의 창시자인 신농은 후베이성 쑤이저우시(수주시隨州市) 리산(역산歷山)산에서 출생해, 산시성陝西省 바오지현(보계현寶鷄縣)의 강수姜水 땅에서 자랐기 때문에 성姓을 장姜이라 부른다. 처음으로 쟁기를 만들어 농사짓는 법을 가르쳤고 100가지 약초로 약을 만들었다고 한다. 그는 바오지에서 살다가 동으로 뻗어나가 취푸(지금의 산둥성)에서 살았고 후난성(호남성湖南省) 차링현(차능현茶陵縣)에 묻혔다.

현재 중국은 삼황으로 동시대에 살았던 황제, 염제신농, 치우를 거론하는데 염제신농은 황제, 치우보다 약 350~500년 전 사람이므로, 현재 삼조三祖로 거론되는 염제는 염제신농의 8대손인 신농유망이라는 설도 있다. 일부 중국 고대 왕조 계보에도 염제신농시대를 기원전 4000년~3500년으로 설명한다. 그러나 이들을 설명하는 연대는 각 자료마다 큰 차이가 있다.[18]

치우에 대한 설명도 천차만별으로, 후베이성과 후난성을 중심으로 분포된 묘만족의 수장이 치우라는 설이 있다. 즉 치우는 동이의 대표적 인물인 동시에 묘만족의 지도자이기도 하다. 구려九黎가 동이의 대표 부족이었다가 남쪽으로 이동해 신농계의 묘만족과 연맹이 되었다고 추정하기도 하며,[19] 줘루 전투가 벌어지기 전에 치러진 반취안(판천阪泉) 전투에서 치우가 승리했기 때문에 치우가 묘만족과 동이의 수장이 되었다는 설도 있다.

2007년 8월 중국신화학회의 예수셴葉舒憲 교수는 갑자기 '황제 집단의 곰 토템이 단군신화의 뿌리'라는 놀라운 주장을 했다. 중국이 홍산문화에 집착하면서 심지어는 단군신화까지 거론하는 이유는 간단하다. 중국인들은 랴오허문명이 중국의 시원始源이라는 것을 의심하지 않기 때문이다.

그러나 이 주장이 성립하려면 중국의 선조가 홍산문화 지역에서 태어나야 하는데, 그동안 중국은 동이족을 중국인과 다른 민족으로 간주했으므로 황허문명보다 역사가 오래된 홍산문화 신비의 왕국의 왕들은 중국의 시조와 연관이 없다는 모순이 생기는 것이다. 그래서 중국이 뽑아든 절묘한 카드는 그야말로

전 세계의 학자들을 놀라게 했다. 그동안 알려진 동이의 수장인 치우도 중국인의 선조지만 중국인의 진정한 시조는 치우가 아니라 황제라는 것이다. 그야말로 코페르니쿠스적 발상의 전환이다.

　이런 코페르니쿠스적 발상을 지원하기 위해, 중국은 양사오문화를 바탕으로 조粟 농사가 중심인 중원의 염제신농씨 화華족 집단, 벼농사를 주로 하는 동남 연해안의 이夷(또는 虞) 등 하夏족 집단, 마지막으로 황제족黃帝族 집단이 동북 옌산산(연산燕山) 남북의 홍산문화를 대표한다고 발표했다.[20] 이 설명에 따르면 신

화시대부터 황제족이 랴오허 일대를 지배했는데, 그 손자인 고
양씨 전욱과 고신씨 제곡 두 씨족 부락이 지금의 허베이성과 랴
오닝성이 교차하는 유연幽燕 지역에 살면서 모든 북방 민족들의
씨족이 되었다는 것이다. 이것은 랴오허문명의 핵심인 홍산문
화 즉, 만주 일대도 황제족의 영역이라는 설명과 다름 아니다.
한마디로 그동안 중국인이 아니라고 강력하게 주장하던 동이족
의 근거지가 모두 중화민족의 근거지이며, 화하華夏에 동이족이
포함된다는 내용이다.[21]

　　전욱 고양능高陽陵과 제곡 고신능高辛陵은 허난성 안양시安陽市

네이황현(내황현內黃縣) 양좡향(양장향楊庄鄕) 싼양좡(삼양장三楊庄) 이
제능二帝陵에 있다. 이곳은 타이항산맥 동쪽으로, 치우의 통치 지
역인 동이족의 영역이다. 이제묘二帝廟 옆에 있는 오열사당五列祠堂
에서는 황제黃帝, 전욱, 제곡, 당뇨唐堯, 우순虞舜을 봉행하고 있다.
중국은 만주 지역 '랴오허문명권'의 핵심인 홍산문화는 고양씨
전욱 계통의 문명이며, 고주몽高朱蒙의 고 씨 성도 고양씨의 후예
라 붙었다고 설명한다. 이것은 홍산문화를 주도한 '황제족의 후
예인 예맥족이 부여, 고구려, 발해 등을 세웠다는 논리로도 이용
된다.**22**

　　중국이 황제를 동이족으로 만들자 곧바로 문제점이 제기
되었다. 치우의 동이족은 곰 토템을 가지고 있는데 황제족은 곰
토템이 아니라는 점이다.* 황제를 동이족의 수장으로 만드는 데
결정적인 문제점이 생기자 중국은 황제와 동이의 연결고리를
찾기 시작했다.

　　중국의 논리 개발에 결정적인 역할을 한 자료가 바로 사마
천의 『사기』다. 중국은 '황제는 유웅씨有熊氏라 불렀다'는 『사기』
의 기록을 근거로 곰과 황제를 연결시켰다. 그리고 1970년대 말
허베이성 장자커우 지구 쌍간강(상건하桑乾河) 유역인 위샨싼간(울
현삼관蔚縣三關) 유적에서 발견된 유물 2점과도 연계시켰다. 동북
홍산문화의 대표 문양인 용무늬 채도관(항아리)과 중원의 양사

곰 토템

1만여 년 전부터 홍산 지역에 살던 곰 토템족은 계속적으로 곰을 숭상했다. 이러한 풍습은 뉴허량에서 발견되는 부장품의 하나인 옥웅룡玉熊龍이 죽은 자의 가슴에 주로 놓여 있다는 것으로도 알 수 있다. 시신의 가슴에는 가장 등급이 높은 옥기가 놓인다. 이것은 단순한 장식이 아니라 일종의 신물神物을 의미한다. 홍산인의 숭배 동물 가운데 웅룡은 특정한 지위를 갖는데 이는 홍산인이 여신과 함께 곰을 숭배하는 곰 토템족이라는 것을 보여준다.

뉴허량 16지점 3호에서는 3개의 구멍이 뚫린 짐승머리형 옥기가 발견되었다. 홍산문화 옥기 예술의 정수라고 불리는 쌍웅수삼공기雙熊首三孔器다. 처음에는 옥 양쪽에 있는 동물을 돼지로 보았지만 최종적으로 곰인 것으로 확인되었다. 짧지만 둥근 귀와 눈, 모가 났으면서도 둥근 이마, 뾰족하면서도

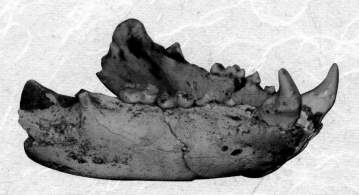

뉴허량 유적에서 발견된 곰 아래턱뼈.

둥근 입, 얇고 벌어진 아랫입술 등 영락없는 곰의 모습이다.

또 홍산문화의 중심지라 볼 수 있는 뉴허량에서 계속적으로 곰 뼈가 출토되었다. 뉴허량 2지점 4호 적석총에서는 완벽한 곰 아래턱뼈가 나왔다. 뉴허량 적석총에서 확인된 쌍웅수삼공기와 곰 뼈, 바로 인근에 있는 여신묘에서 확인된 진흙으로 만든 곰 형상은 이들이 곰에게 제사를 지냈다는 것을 의미한다.

오문화를 대표하는 꽃무늬 채도가 한곳에서 발견되었기 때문이
다. 중국은 이를 홍산문화와 양사오문화가 접변接變했다는 결
정적인 증거로 제시했다. 한마디로 황제가 바로 곰 토템족이라
는 것이다.

황제의 고향이 동북방이라는 근거도 준비했다. 황제의 근
거지가 홍산 지역과 전혀 관련이 없는 '산시성 황링현'이라고
설명하던 것에서 180도 전환해, 치우가 염제와 싸운 반취안 전
투에서 전쟁터에 나선 곰과 범, 살쾡이 등은 이런 짐승들을 토템
으로 삼은 부족들의 명칭인데 이들 짐승은 북방 민족의 색채를
보인다고 설명했다. 또한 "황제는 일정한 거처 없이 옮겨다녔
다"라는 『사기』의 기록이야말로 황제족의 성향을 일컫는 것으
로, 황제가 동북방 민족 즉 유목민과 관련이 있음을 알려주는 대
목이라고 주장했다.

중국사회과학원 고고연구소의 자오춘칭趙春靑은 보다 새로
운 논리를 개발했다. 황제 집단의 근거지가 동북방 지역이고 염
제가 화하족의 시조며, 치우는 산둥성과 장쑤성(강소성江蘇省) 북
부의 다웬커우(대문구大汶口)문화와 창장강 남부 즉, 중국 남방에
서 발달한 양저문화의 수장이었다는 설명이다.[23] 이 주장에서는
그동안 줄기차게 중국인들이 주장하던 황제·염제·치우의 근
거지가 완전히 바뀌어 있다. 중국의 신화학자인 허신河新의 설명

은 다음과 같다.

① 동방 혹은 동북방의 황제족 = 제곡족 = 고신씨 = 소호족
少昊族은 태양신을 준俊이라 불렀으며 봉鳳을 태양신의 상
징으로 삼았다. 이들이 상(은)의 선조들로 고대의 다웬
커우문화의 창조자들이다.

② 북방 혹은 서북방의 염제족 = 전욱족 = 고양씨 = 태호족
太昊族은 태양신을 희羲라 부르고 용을 태양신의 상징으로
삼았다. 이들이 하나라와 주나라의 선조들로 양사오문
화, 마자야오(마가요馬家窯)문화, 룽산문화의 창조자이며
전욱은 성이 풍風으로 복희와 동성이다.

③ 동남방 계통의 치우족은 하모도문화, 마가빈문화, 양저
문화의 창조자다. 이들이 동남방에서 동북방으로 올라
오면서 서북방의 염제족 = 전욱족 = 태호족과 동북방의
황제족 = 제곡족 = 소호족 등과 충돌한다.

하버드대학 인류학과 교수 장광즈張光直도, 상나라를 일으킨
것은 동이족이지만 그들은 황제족 = 제곡족 = 소호족이라고 설

명한다. 학자들에 따라 다소 다른 주장을 펼치지만 결론은 황제
가 동이의 수장이라는 것이다.[24]

　　중국은 황제와 염제, 황제와 치우가 싸웠다는 반취안과 쥐
루가 장자커우 인근에 위치한다는 점에도 주목했다. 삼제가 전
투를 했다는 자체가 바로 이 인근에서 동북 홍산문화 유형과 중
원 양사오문화가 영향을 주고받았다는 설명이다. 중국의 고고
학자 쑤빙치는 이들 논지를 더욱 발전시켰다. 그는 홍산문화와
양사오문화가 충돌·교류하면서 랴오허 연안으로 올라가 뉴허
량의 단(제단)·묘(신전)·무덤(총·적석총)으로 발전해 전성기를
이루었고, 이것이 바로 신비의 왕국의 근거가 되었다고 주장했
다. 황제와 염제의 선조가 황토고원인 산시성 일대에서 생활했
다는 과거의 설명과 얼마나 달라졌는지를 알 수 있다.[25]

　　중국은 1만 년 전의 홍산문화에 이어 5,000년 전에 고국古國
즉, 신비의 왕국이 존재했고 바로 그 지역에서 고조선문화가 이
어진다고 설명한다. 부침이 심한 고대에 실존한 고조선인이 한
민족과 어떤 유연관계가 있는지는 우리에게 영원한 숙제다. 홍
산문화 유적지 답사를 통해 이 질문에 대한 큰 맥락을 잡을 수
있을 것이다. ❊

나가는 말

진시황제가 통일한 중국 영역은 동으로는 조선朝鮮, 서로는 임臨·조洮·강중光中, 남으로는 북향호北嚮戶, 북으로는 황허의 북단, 동북은 랴오둥과 국경을 접하는 거대한 영토로 오늘날 중국 대륙의 대부분을 차지한다. 따라서 서주西周시대부터 중국인에게 동화되기 시작한 중국 대륙 안의 동이족들은, 진나라의 출현으로 중국 민족으로 완전히 흡수되었다고 볼 수 있다.

학자들은 중국이 자랑하는 요遼임금과 순舜임금을 동이족으로 추정한다. 요와 순은 산둥의 한동네 사람으로, 요는 능력이 부족한 자신의 아들 대신 치수에 능한 순에게 왕위를 계승토록 했다. 더욱이 공자는 『서경書經』에 "순임금은 중국에 전혀 없던 신명神明에 제찬보본祭饌報本하는 예식을 마련했다"고 기술했고 맹자도 "순임금은 동이 사람이다"라고 썼다.

고조선은 중국 요·순시대와 은·주시대에 중국 본토의 일부 지역과 만주, 한반도 전역에 걸쳐 있었다. 그런데 세월이 흐름에 따라 조선이 주력이 된 한韓족과 주周가 주력이 된 한漢족 간에 대립이 생겼고, 결론적으로 주나라가 은나라를 제압하면서 이후 중국은 한漢족의 역사로 들어갔다.

수천 년 동안의 역사적 부침에 의해 동이족이 여러 갈래로 갈라져나갔음을 이해하면, 동이족을 무조건 한민족이라고 설명하는 것에도 문제가 있는 건 사실이다. 그러므로 기수연 박사는 한대漢代 이후 동북 지역에서 나타나는 동이족을 그 이전 시기 산둥 일대에 존재했던 동이족과 같은 계보로 묶을 수는 없다고 설명한다. 과거 동이족의 후예라고 하더라도 상당한 기간 동안 자신들이 위치한 장소에서 번잡이 수시로 이루어졌으므로, 동이족의 흔적이 거의 소멸될 수 있다는 뜻이다. 한마디로 과거 동이족이라고 하더라도 한민족과 동일 선상으로 간주하는 것은 다소 무리하다는 설명이다.[1]

그러나 동이족의 적자라 여겨지는 한민족은 아직도 동이족의 직계로서 명맥을 끈끈히 이어오고 있다. 적어도 화하족 중국인과 동이족 한국인은 명백하게 다르다. 동이족의 주역이라고 설명되는 한민족은 화하족에 흡수되지 않았고, 동이족의 전통과 풍습을 이어오면서 오늘날 한민족의 근간을 이루었다는 데는 이론의 여지가 없다. 장구한 역사 동안 수많은 부침을 겪었음에도 중국인과 한국인이 다르게 살았다는 것은 명백한 사실이다. 가장 역설적인 내용은 중국이 황제족을 동이족으로 주장하면 할수록 황제족은 오히려 홍산문화를 주도한 곰 토템족의 후예가 될 수도 있다는 것이다. 홍산문화의 곰 토템이 황제 유웅씨와 관계가 있다면 부계사회의 황제족은 그보다 이른 모계사회인 홍산문화의 후예가 되고, 그럴 경우 중화민족의 시조라는 황제족은 홍산문화를 주도한 곰 토템족의 후예가 된다는 뜻이다.[2]

2001년 중국 정부가 조사한 중국 내 동이족의 후예로 인식되는 집단의 인구통계를 보면, 조선족 200만 명, 만족 1,000만 명, 묘족 900만 명, 몽골족 600만 명, 리족黎族 120여 만 명이며, 묘족의 해외 교포만 100만 명이 넘는다.[3]

중국이 '통일적 다민족국가론'을 토대로 랴오허문명론을 개발해 자신들의 역사를 확장하는데 주력하는 데도, 한국에서는 한반도의 역사만을 수용하는 데 급급해 우리의 역사를 도외시하는 우를 범하고 있다는 지적이 있다. 그러나 민족이라는 개념은 청동기시대부터 생겼으므로 랴오허 문명이 발전하고 있을 때는 중국도 없었고 한국도 없었다. 단지 중국과 한국의 시원문화로서 랴오허 일대에 발달된 독자적인 문명권이 있었다는 것

이다. 이후 랴오허인들이 문명을 가꾸면서 단군조선보다 거의
1,000년 전에 신비의 왕국을 건설했는데, 이것은 소설상의 이야
기가 아니라 과학적 발굴과 연구 분석에 의한 것이다. 그리고 그
주도 세력이 단군조선으로 이어져 그 주맥主脈이 한반도에서 꽃
을 피웠다는 것도 명백한 사실이다. 한민족의 고향으로도 알려
진 홍산문화에 대한 많은 연구가, 우리 고대사를 보다 명쾌하게
정립하는 계기가 될 것이다.[4]

주

들어가는 말

1 서길수, 「중화인민공화국 동북공정 5년의 성과와 전망」, 『고구려발해학회』 제 29집(2007), 34쪽.

2 우실하, 『동북공정 너머 요하문명론』(소나무, 2007), 35~39쪽

3 田光林, 「中國東北西遼河地區的 文明起源」(中華書局, 2004); 蘇秉琦, 「中華文 明的新曙光」, 『東南文化』1988-5; 우실하, 『동북공정 너머 요하문명론』(소나무, 2007)

4 김선주, 「홍산문화」(상생출판, 2012), 18~24쪽

제1부

1 코린 드벤-프랑포리, 『고대 중국의 재발견』(시공사, 2001), 39~42쪽.

2 赤峰市紅山區文化局(編), 『紅山文化』(中國文史出版社, 1993), p.40~164.

3 朝陽市旅游局, 『朝陽之旅』(中國旅遊出版社, 2005), 15쪽; 朝陽市文化局, 『牛河 梁遺址』(學苑出版社, 2004)

4 段軍龍, 『中華5000年軍事故事』(光明日報出版社, 2005), p.10~15; 朝陽市旅游 局, 앞의 책, p.29~39; 陳逸民, 『紅山玉器』(上海大學出版社, 2004), p.3~14;

柳東靑, 『紅山文化』(內蒙古大學出版社, 2002); 耿建軍, 『中國考古謎案』(山東畵報出版社, 2006), p.40~50; 赤峰市紅山區文化局(編), 앞의 책, p.165~187; 이형석 외, 「첫 조선(고조선) 관련 땅 이름과 홍산문화 고찰」, 『땅이름』 제31호 (2006); 項春松, 『赤峰古代藝術』(內蒙古大學出版社, 1999)

5   赤峰市紅山區文化局(編), 앞의 책, p.124~139.

6   김선주, 『홍산문화』(상생출판, 2012), 32~33쪽.

7   孫守道·郭大順, 「牛河梁紅山文化女神頭像的發現與硏究」, 『文物』1986-8; 遼寧省文物考古硏究所, 「遼寧牛河梁紅山文化女神廟積石塚發掘簡報」, 『文物』1986-8; 赤峰市紅山區文化局(編), 앞의 책, p.124~139.

8   김선주, 앞의 책, 41~43쪽.

9   노혁진, 「가평 달전리 토광묘 발굴의 의미」, 『한국의 고고학』 창간호(2006년 가을); 전광림, 「홍산문화의 제단과 중국 고대의 교사지예의 기원에 대한 연구」(국학학술원, 2007)

10   심백강, 『황하에서 한라까지』(참좋은세상, 2007), 135~136쪽.

11   곽대순 외, 『동북문화와 유연문명』(동북아역사재단, 2008)

12   耿建軍, 『中國考古謎案』(山東畵報出版社, 2006)

13   곽대순 외, 앞의 책.

14   耿建軍, 앞의 책; 서안 인근 반파(半坡) 유적지에서 선돌이 있는 제사 유적지가 발견되었는데 이들 유적의 역사는 기원전 4000년경으로 올라간다.

15   이기환, 「코리안루트를 찾아서(13) 홍산인의 어머니」, 『경향신문』, 2007년 12월 29일.

16   이기환, 「코리안루트를 찾아서(7) 빗살무늬토기문화」, 『경향신문』, 2007년 11월 16일; 우실하, 『동북공정 너머 요하문명론』(소나무, 2007), 106~108쪽.

17   「금오도-안도간 연도교 가설구간 내 안도패총 발굴 조사」, 『국립광주박물관 현장설명회자료』, 2007년 3월 27일.

18   심백강, 「치우(蚩尤)는 누구인가」, 『치우연구』 창간호(2001); 박선식, 「동아시아 상고시대 탁록 전쟁의 시론적 검토」, 『치우연구』 창간호(2001)

19   김세환, 『고조선 역사 유적지 답사기』(백암, 2013), 73~80쪽.

20   김세환, 「자오지천황과 중화족의 삼황오제에 대한 고찰」(2006)

21 이종호, 『한국 7대 불가사의』(역사의아침, 2007), 128~151쪽.

22 박진호, 「요서지역(遼西地域) 초기 신석기문화 연구 : 소하서·홍륭와문화를 중심으로」(2014)

23 張敬國 외, 「管形工具鎖孔 之初步實驗 : 玉器雕琢工藝顯鏡探索之二」, 『玉文化論叢』(文物出版社, 2006)

24 이기환, 「코리안루트를 찾아서(4) 싱룽와 신석기 유적 - 동이의 발상」, 『경향신문』, 2007년 11월 9일.

25 우실하, 『동북공정 너머 요하문명론』(소나무, 2007)

26 하문식, 『고조선 지역의 고인돌 연구』(백산자료원, 1999)

27 박진호, 앞의 글.

28 석광준, 「평양 일대 대형 고인돌 무덤의 성격에 대하여」, 『남북학자들이 함께 쓴 단군과 고조선 연구』(지식산업사, 2005)

29 경기도 박물관, 『경기도 고인돌』(2007), 10~33쪽; 한용걸, 「고인돌 무덤 건축에 사역된 로동의 성격에 대하여」, 『조선고고연구』1999년 3호; neverfell81, 「화순고인돌에 대하여」, 네이버블로그, 2004년 3월 16일; 유태용, 「지석묘는 무엇을 말하는가?」, 『대한문화재신문』제16호, 2004년 7월 15일.

30 査海文化研究院, 『玉龍故鄕, 文明發端』(阜新市査海文化廣電新聞出版局, 2014), p.1~7.

31 다물지 200호 기념, 「코리안루트를 찾아서」, 『다물총서』제5집(2011), 58~64쪽.

32 査海文化研究院, 앞의 책, p.65~71.

33 이기환, 「코리안루트를 찾아서(21) 갑골문화 동이족이 창조한 한자는 발해문자였을까」, 『경향신문』, 2008년 3월 8일.

34 김정학, 『한국사상사대계 2권』(한국정신문화연구원, 1991), 147쪽.

35 우실하, 앞의 책, 140~144쪽.

36 곽대순 외, 『동북문화와 유연문명』(동북아역사재단, 2008)

37 우실하, 앞의 책, 146~151쪽.

38 신형식·이종호, 「'중화 5천년' 홍산문명의 재조명」, 『백산학보』제77호(2007)

39 우실하, 앞의 책, 151~154쪽.

40 朝陽市文化局, 『牛河梁遺址』(學苑出版社, 2004)

41 복기대, 「小河沿文化에 관하여」, 『고조선단군학』 제21호, 2009년 11월.

42 우실하, 「중국 요하문명 지역 고대 유적지 보존 사례 및 역사의식」, 춘천 중도 (中島) 고조선 유적지 학술회의 발표 자료, 2015년 1월 7일.

43 朝陽市文化局, 앞의 책.

44 우실하, 앞의 책, 35~39쪽.

제2부

1 Fairbank J.K(ed), 『The Chinese World Order: Traditional China's Foreign Relations』(Harvard Univ. press, 1968); 코린 드벤-프랑포리, 『고 대 중국의 재발견』(시공사, 2001), 34~35쪽.

2 夏商周斷代工程專家組, 『夏商周斷代工程 1996~2000年 段階成果報告(간본)』 (2000); 王魏, 「關于中國古代文明探源工程的夏構想」, 『光明日報』, 2000년 3월 31일; 王先勝, 『中國古代文明探源工程』(2006)

3 송성수, 『청소년을 위한 과학자 이야기』(신원문화사, 2002), 207~216쪽.

4 朝陽市旅遊局, 『朝陽之旅』(中國旅遊出版社, 2005), 13~17쪽.

5 赤峰市紅山區文化局(編), 『紅山文化』(中國文史出版社, 1993), p.138~139; 田光 林, 『中國東北西遼河地區的文明起源』(中華書局, 2004)

6 이형구, 『발해 연안에서 찾은 한국 고대문화의 비밀』(김영사, 2004)

7 정수일, 『한국 속의 세계』(창비, 2005)

8 국사편찬위원회 엮음, 『한국사1(총설)』(국사편찬위원회, 2002)

9 김선주, 『홍산문화』(상생출판, 2012), 11~14쪽.

10 심백강, 「치우(蚩尤)는 누구인가」, 『치우연구』 창간호(2001); 박선식, 「동아시아 상고시대 탁록 전쟁의 시론적 검토」, 『치우연구』 창간호(2001)

11 이인철, 『동북공정과 고구려사』(백산자료원, 2010), 86~89쪽.

12 이인철, 앞의 책, 90~91쪽.

13 고구려연구재단 엮음, 『중국의 동북변강 연구 동향 분석』(고구려연구재단, 2004)

14 김한규, 「고대 동아시아의 민족관계사에 대한 현대 중국의 사회주의적 이해」,

『동아연구』 24호(1992), 2쪽.

15 정형진, 『천년왕국 수시아나에서 온 환웅』(일빛, 2006), 173~174쪽.

16 신형식·최규성 엮음, 『고구려는 중국사인가』(백산자료원, 2004)

17 심백강, 『교과서에서 배우지 못한 우리 역사』(바른역사, 2014), 86~95쪽.

18 중국치우학회 부회장 조육대(趙育大)와 김세환의 인터뷰(2009년 7월 2일).

19 김선주, 『인류 문명의 뿌리 동이』(상생출판, 2009), 60~64쪽.

20 서길수, 「중화인민공화국 동북공정 5년의 성과와 전망」, 『고구려발해학회』 제 29집(2007), 43쪽.

21 耿鐵華, 『中國高句麗史』(吉林人民出版社, 2002), p.48; 이기환, 「코리안루트를 찾아서(12) 홍산 곰의 정체」, 『경향신문』, 2007년 12월 22일.

22 이종호, 「게르만 민족 대이동을 촉발시킨 훈족과 한민족의 친연성에 관한 연 구」, 『백산학보』 제66호(2003)

23 자오춘칭 외, 조영현 옮김, 『문명의 새벽』(시공사, 2003)

24 우실하, 『동북공정의 선행 작업들과 중국의 국가 전략』(울력, 2006)

25 왕웨이, 박점옥 옮김, 『손에 잡히는 중국 역사의 수수께끼』(대산, 2001)

나가는 말

1 기수연, 「동이의 개념과 실체의 변천에 관한 연구」, 『백산학보』 제42호(1993)

2 김선주, 『인류 문명의 뿌리 동이』(상생출판, 2009), 91쪽; 김선주, 『홍산문화』 (상생출판, 2012), 82~89쪽.

3 송준희, 「중국 내 동이계 민족 및 인구 현황」, 구리넷(www.coo2.net), 2003년 3월 16일; 이인철, 『동북공정과 고구려사』(백산자료원, 2010), 51~53쪽.

4 이정훈, 「중국이 절대 공개하지 않는 단군신화의 증거…웅녀여신상」, 이정훈의 안보마당(http://blog.donga.com/milhoon/), 2012년 10월 16일.

유적으로 보는 우리 역사 ②
홍산문화
ⓒ 이종호 · 윤명도, 2015

초판 1쇄 2015년 10월 16일 찍음
초판 1쇄 2015년 10월 23일 펴냄

지은이 | 이종호, 윤명도(사진)
펴낸이 | 이태준
기획 · 편집 | 박상문, 박지석, 박효주, 김환표
디자인 | 이은혜, 최진영
마케팅 | 박상철
인쇄 · 제본 | 제일 프린테크

펴낸곳 | 북카라반
출판등록 | 제17-332호 2002년 10월 18일

주소 | (121-839) 서울시 마포구 서교동 392-4 삼양E&R빌딩 2층
전화 | 02-486-0385
팩스 | 02-474-1413
www.inmul.co.kr | cntbooks@gmail.com

ISBN 978-89-91945-82-1 04910
ISBN 978-89-91945-83-8(세트)
값 11,000원

이 도서의 국립중앙도서관 출판시도서목록(CIP)은 서지정보유통지원시스템 홈페이지
(http://seoji.nl.go.kr)와 국가자료공동목록시스템(http://www.nl.go.kr/kolisnet)에서
이용하실 수 있습니다. (CIP제어번호 : CIP2015027154)